10代のキミに贈る夢を叶える50の質問

飯山晄朗
Jiro Iiyama

はじめに

キミには夢がありますか？

その夢は、叶《かな》いそうですか？

まず、自己紹介《しょうかい》しますね。

私は、全国の中学・高校の部活動や若手アスリートを対象に、メンタルトレーニングのお手伝いをしています。

メンタルトレーニングというのは、その名の通りメンタル面のトレーニングのこと。簡単に言えば、意志や感情などメンタル面を強化することで夢を叶《かな》えるというものです。

ありがたいことに、私がメンタルトレーニングを担当した選手がオリンピックで金メダルを取ったり、全国大会で優勝したりしてくれたので、いろいろなところから相談を受ける毎日です。

そんな仕事をしているので特に感じるのですが、近年、日本のスポーツ界に外国籍《がいこくせき》だった選手やハーフの選手が増えてきました。

そうした選手たちと話すと面白《おもしろ》いのが、彼《かれ》らがみんな口を揃《そろ》えて「小さいときに親から『大きな夢を持ちなさい』とよく言われていた」と言うことです。

雑誌などのインタビューでも、海外の選手はたいがい「夢」の話をしていますね。

とてもすばらしいことだと思います。

一方、日本人はどうかというと、例えばソニー生命保険株式会社が2023年6月に全国の中高生1000名に対して実施《じっし》した「中高生が思《おも》い描《えが》く将来についての意識調査」という調査があります。

これによると、将来の夢については、中学生の男子1位が「好きなことを仕事にする」、女子1位が「安定した毎日を送る」、高校生は男子、女子とも1位は「安定した毎日を送る」ということです。

「夢より現実」という感じで、なんだかちょっと淋《さび》しいですね。

実際、私も仕事柄《しごとがら》、中高生から相談を受ける機会が多いのですが、「いつまでも夢みたいなことばかり言ってないで現実を見なさい」と叱《しか》られた、という悩《なや》みを話してくれる子は少なくありません。


私から言わせたら「夢があるから、がんばれるのになぁ」と思ってしまいます。

なぜならメンタルトレーニングにおいて、夢はすべての出発点であり、目指すべき最終地点だからです。

これは、スポーツに限りません。

夢は〝生きる力〟なのです。

だから日本でも、なるべくたくさんの中高生に、もっと夢を持ってもらいたい、夢を追いかけてもらいたいと思っています。

そうすれば、あらゆる分野において、世界で活躍《かつやく》する日本人が増えてくるはずです。

この本は、そんな思いをこめて、夢を追うキミを応援《おうえん》するために書きました。

本当は、私が普段《ふだん》メンタルトレーニングで行っているように、直接キミに問いかけながら、キミが答えを見つけるサポートをできるのが理想です。

でも、本ではそれができませんので、代わりに50の質問を用意しました。

まずは目次をパラパラと見て、気になる質問があれば、そのページを開いてください。人によってそのときに抱《かか》えている問題は違《ちが》いますから、気になったところから読みはじめてOK《オーケー》です。

そして、それぞれの質問のページには簡単な説明と、キミの答えを書きこむ欄《らん》がありますから、ぜひ実際に考えて、キミなりの答えを書いてみてください（もし直接本に書きこめない場合は、別にノートなどを用意して、そこに答えを書いてくださいね）。

そこから、キミの夢への道が始まります。

この本を通じて、キミの悩《なや》みがひとつでも解決し、夢に一歩でも近づけたなら、最高に嬉《うれ》しいです。

２０２４年10月

飯山晄朗

もくじ

第1章　本当の夢を見つけるための10の質問

第2章　夢を叶《かな》える自信とサポートを得るための10の質問

第3章　夢に向けて目標を立てるための10の質問

第4章　夢を阻《はば》む壁《かべ》を乗りこえるための10の質問

第5章　夢を諦《あきら》めかけたときの10の質問

第1章

本当の夢を見つけるための10の質問

質問
1

キミの夢はなに?

キミの答え

私の夢は

です!

夢が持てないのはキミのせいじゃない

「野球の選手」「サッカーの日本代表」「シンガーソングライター」「社長」「世界をまたにかけるビジネスマン」「お店のオーナー」「YouTuber《ユーチューバー》」「大金持ち」……。

夢を聞かれて、こんなふうにすぐに答えられるのは、すばらしいことです。

でも、なかなか答えが出てこない人もいるでしょう。

そんな自分に嫌気《いやけ》が差したり、「どうせ叶《かな》いっこないんだから」と夢を持つことを諦《あきら》めてしまっている人もいるかもしれません。

でも、安心してください。

それはキミがダメだということではないんです。

それは実は、夢を持てないような環境《かんきょう》にあったからかもしれません。

日本と海外では「夢」の意味が違《ちが》う！

「夢」は英語で「dream《ドリーム》」と言います。

「dream《ドリーム》」の意味は、海外の辞書ではこのように書かれています。

①叶《かな》うもの
②強く願えば現実になるもの

では「夢」は、日本の辞書ではどのように書かれているでしょうか？

①はかないこと
②現実から離《はな》れた甘《あま》い考え

こんなふうに書かれているんです。

なるほど、これでは大人が子どもに「いつまでも夢みたいなことばかり言ってるんじゃない！」と言ってしまうのも、わからないでもないですね。

そして、そんな環境《かんきょう》で育ったら、夢を持てなくなってもしかたないと思います。

夢がなくてもいいけど、あったほうがもっといい

じゃあ、本当のところ、人には夢は必要なんでしょうか？

よく「夢がないとダメですか？」という質問をしてくる人もいます。

私は「夢がないといけない」とは言いません。

ただ「夢があったほうがいい」と答えています。

吉田松陰《よしだしょういん》という人を知っているでしょうか？

江戸《えど》時代末期の日本の有名な思想家・教育家です。彼《かれ》が開いた松下村塾《しょうかそんじゅく》で学んだ多くの若者が、のちの明治維新《いしん》で重要な働きをしたと言われています。

そんな吉田松陰《よしだしょういん》が、こんな言葉を残しています。

> **夢なき者に理想なし。**
> **理想なき者に計画なし。**
> **計画なき者に実行なし。**
> **実行なき者に成功なし。**

ゆえに、夢なき者に成功なし。

なにかを成しとげる人は、昔から夢を大切にしていたんですね。

叶《かな》うかどうかより、ワクワクするかが大切

ただ、夢の話をすると必ず出てくるのが、先の「夢は叶《かな》わないもの」という話です。

実は、夢が叶《かな》うかどうかなんて、どうでもいいんです。

夢が何のために必要なのかというと、前に進む原動力となる「ワクワクする感情」を作るためなのです。

夢がある人は、毎日ワクワクしながら過ごしていますね。

私は、オリンピックを目指している選手のメンタルコーチをしています。彼《かれ》らがなぜ毎日きついトレーニングや練習を続けることができるのかというと、「メダルを取りたい」という夢があるからです。

夢と、がんばる力は正比例しています。

だから、やっぱり「夢があったほうがいい」。

でも、今ここで自分の夢を書けなかった人も、これまで夢を持てなかった人も大丈夫《だいじょうぶ》。

この後の質問に答えていくだけで、自分の夢を見つけることができますよ。

さぁ、一緒《いっしょ》に夢を見つけていきましょう！

今、情熱を持ってやっていることはなに？

キミの答え

私が情熱を傾《かたむ》けていることは

です！

いつもつい考えてしまうこと、やってしまうことを思いだしてみよう

「特にないかも」

そんなふうに答えてしまう人もいると思います。

でも、それって本当かな？

例えば「つい頭の中で考えてしまうことはなんだろう？」と聞くと、「ゲームのこと」「サッカーのこと」「好きな人のこと」なんて答えが返ってきます。

なんとかして「高得点を取りたい」「うまくなりたい」「付き合えるようになりたい」といつも考えていて、真っ先に行動に起こそうとしてしまうようなこと。

そう、それが「情熱を持っていること」なんです。

情熱って、感情が高まってどうしても行動したくなるような状態です。

ということは、情熱を傾《かたむ》ける対象があるということになりますよね。

その情熱を傾《かたむ》ける対象こそが夢なんです。

情熱は夢を叶《かな》えるエネルギー

スポーツの世界でもビジネスの世界でも、夢を叶《かな》えている人たちは口を揃《そろ》えて「情熱が大事だ」と言っています。

例えば東京パラリンピックの車いす（T52）400メートル、1500メートルで金メダルを獲得《かくとく》した佐藤友祈《さとうともき》さんという選手も、そう。

佐藤《さとう》選手は21才のときに脊髄炎《せきずいえん》になり、下半身の感覚を失い車いす生活になってしまいました。そのため、一時は夢や目標も持てず、自暴自棄《じぼうじき》になってしまうのですが、「できないことがあるだけで、できることはある」と一念発起《いちねんほっき》します。

そして車いすレースを見て「こんなに早く走れるんだ」と感動して、「自分もこんなふうに走ってみたい」「パラリンピックで金メダルを取ってみたい」と思ったと話しています。

「金メダルを取ることは決まっている」

「モチベーションを下げている余裕《よゆう》はない」

佐藤《さとう》選手はこのように言って、自分を鼓舞《こぶ》していました。

「何が何でも」という情熱。夢を叶《かな》える人には、みんなこれがあるんです。

だから、誰《だれ》もが逆境だと思うようなことがあっても「なにができるか」を考えて取り組むことができます。

佐藤《さとう》選手も車いす（T52）４００メートルで、前回のリオデジャネイロでの金メダリストを最後の30メートルで抜《ぬ》き去《さ》って逆転勝利しました。

どうしても実現したい夢。なんとしても達成したい目標。

それを見つけるためには、「情熱を持って取り組めること」を考えるのもひとつの手段です。

質問3

「本当に好きだ！」と思うことはなんだろう？

キミの答え

私が好きなことは

です！

「好き」を深掘《ふかぼ》りしてみよう

ここまで読んで、やっぱり「夢が見つからない」という人も安心してください。なければ、作ればいいだけですから。

まず「本当に好き」なことを考えてみましょう。

「好きなことと言われても……」と回答に困ってしまうこともあるかもしれませんね。

では、何時間でも夢中でやれることはなに？

「ゲームをすること」「野球をすること」「友人と他愛《たあい》もない会話をすること」「音楽を聞くこと」、中には「勉強していること」と答える人もいるかもしれません。

パッと出てくる答えはそうでしょう。

でも、もう少しじっくりと考えてみてほしいのです。

ゲームなら、どんなゲームに夢中になるのか？

野球なら、バッターとして打つことが好きなのか？　ピッチャーとして投げることが好きなのか？

友人との会話なら、どんな内容の話なのか？

音楽なら、どんな（誰《だれ》の）音楽なのか？

こんなふうに考えてみると、自分が夢中になれる「好きなこと」が見えてくるかもしれません。

ゲームは対戦型だな（勝負にこだわる傾向《けいこう》があるかも）。

野球は打つほうがいいな（攻《せ》めるより受け身で対応することに喜びを感じるのかも）。

恋《こい》バナは盛り上がる（それが青春だ）。

アイドル系の音楽を聞くことが多いかな（華《はな》やかで明るい感じが好きなのかも）。

こんなふうに、自分はどんなことが好きなのかが見えてくると、どんな道に進めばいいのかということも見えてきます。そして、その先に夢が見えてくるのです。

最初は「下手の横好き」でもいいから、続けられることを見つけよう

私はよく「どうしてそんなに仕事に情熱を傾《かたむ》けることができるんですか？」と聞かれることがあります。

理由は簡単です。

この仕事が好きだからです。天職だと思っています。

これも、もともとは中高生くらいのときに、お仕事系のドラマにはまったことがきっかけでした。バリバリ仕事をしている主人公になりきって、「自分も早く仕事がしたい」と思ったのです。

その中でも、誰《だれ》かに教える、指導するという内容のものに強く惹《ひ》かれました。単純に「かっこいいな」と思ったのです。

だから学生時代に、バイトの稼《かせ》ぎで中小企業診断士《きぎょうしんだんし》という資格の通信講座を受けました。これは、中小企業《きぎょう》の経営者にアドバイスするための資格です。会社の社長さんに教える仕事をしたかったんですね。

もっとも、このときは社会人経験もなく、テキストに書いてある意味がさっぱりわからなくて、途中《とちゅう》で投げだしてしまいました。

でも、社会人になり2年くらいたったときに、今度は後輩《こうはい》に教える指導官の立場になったのです。このときに、やはり教えることの喜びを感じました。

それで結局、転職を経て起業し、現在多くの人に教える仕事をしています。

やっぱり好きなことは良い結果につながりやすいですね。

最初は「下手の横好き」でも、続けていれば「好きこそものの上手なれ」になるのです。

だから、キミもとにかく「好き」にこだわってみてほしい。

好きなことなら、苦痛を感じることなく続けることもできますからね。

質問4

「これが得意！」ということはなに？

キミの答え

私が得意なことは

です！

人にほめられたり、認められたことを考えてみよう

さぁ、次は得意分野を探求してみましょう。

野球をしている人は「守備が得意」、サッカーであれば「ドリブルが得意」など、競技の技術的なことを答えるでしょう。

勉強をがんばっている人なら「数学が得意」「英語が得意」など、教科に関する回答が多いかもしれませんね。

習い事をしている人は「習字が得意」「暗算が得意」など、自分が習っていることに関して答えると思います。

その他にも「友達を作るのが得意」「本を読んで要約するのが得意」「なわとびが得意」など、いろいろな答えがあるでしょう。

得意なことというのは、自分が取り組んでいることで人にほめられたり、認められたことが多いと思います。

だから自分も「できる」と自信を持っていることだったりしますね。

得意なことが夢につながることもある

中高生のフリースクールで講演したとき、ペアになって「得意なこと」について話し合ってもらったことがあります。

話し合ってもらった後に、どんな話だったかを発表してもらう場面で、ある高校1年生の男子と、こんなやりとりがありました。

「コンピュータが得意です」

コンピュータが得意なんだね。もう少し具体的に言うと、どんなことが得意なの？

「タイピングが早いと思います」

おぉ、それはすごい！　どれくらい早いの？

「1分間に100文字以上はいけます」

そうなんだ！　やるねー。やっぱり1分間に100文字以上打てると早いんだ。

「そうだと思います。ほめられることもあるんで」

毎日パソコンと向き合っているの？

「家にいるときは結構な時間でやっています」

じゃあ、将来はコンピュータを扱《あつか》う仕事とかしたいと思っている？

「そうですね。世界があっと驚《おどろ》くようなソフトを作ってみたいですね」

とてもキラキラした目で話してくれました。

こんなふうに、得意なことから将来の夢が見つかることもあります。

「好きなこと」と「得意なこと」の掛《か》け合《あ》わせは最強！

「好きなこと」と同じように「得意なこと」も自分を知る大きな要素です。

好きなことであれば、時間を惜《お》しまず没頭《ぼっとう》できます。毎日やっていても飽《あ》きることはないでしょう。

ただ、好きなことは、それ自体をやれていることで満足してしまって、その先の夢に結びつかないこともあります。

そこでもう一つ、得意なことも考えてみましょう。

ただし、得意なことでも「上には上がいる」ということも考慮《こうりょ》しなければなりません。

自分では得意だと思っていることでも、その分野ではさらに上がいたりします。

そして、敵《かな》わないと思った瞬間《しゅんかん》にやる気が失《う》せてしまうことがあります。

だから、「好きなこと」と「得意なこと」の掛《か》け合《あ》わせを考えてみるのです。

好きなことで得意なことであれば、成功する確率はかなり上がりますね。

もし、「得意だけれども好きというわけではない」という場合は、得意なことを好きになればいいのです。

質問5

将来どんな姿になっていたらいい？

キミの答え

私は将来、

になっています！

「得意なこと」を好きになるために

「好きなこと」と「得意なこと」は見つけられましたか？

「好き」で「得意」なことであれば、そのことに磨《みが》きをかけていけば確実に成功に近づくでしょう。

でも中には「得意だけど好きではない」ということもありますね。

この場合は「得意なこと」を優先してください。「好きなこと」は、それ自体をやれていることで満足しやすいという落とし穴があるからです。

ただ、得意なことは「やるべきこと」だったりするので、義務感を感じてなかなか前向きになれないこともあります。

だから「得意なこと」を好きになることが大切なのです。

では「好き」になるためにはどうしたらいいのでしょうか？

そこで、想像力を使っていきます。

将来のなりたい姿から考えてみましょう。

妄想《もうそう》でいいからワクワクできる姿を想像しよう

「将来なりたい姿は？」と聞くと、「メジャーリーガー」「会社員」「ミュージシャン」「モデル」「社長」などと答える人が多いかもしれませんね。

そう、これらは「職業」です。

「どうなりたいか」を質問すると、職業を答える人が多いのです。

そこで「どんな人になりたい？」と問いを変えると、「人気者になりたい」「普通《ふつう》の人」「すごいと言われる人」「お金持ち」などという回答が出てきます。

実はこれ、中学校で全校講演をした後の質問コーナーでのやりとりです。

「お金持ちになりたい」

そういう男子生徒がいました。

お金持ち、いいよね。お金がいっぱいあったら、なにがしたい？

「大きな家を買って、かっこいい車に乗って、海外旅行に行きまくります」

それはすごいな。豪遊《ごうゆう》だね（笑）。それで、そのときキミはなにをしている人になっているの？

「会社を経営しています」

おぉ、社長さんだ！　なにをしている会社なの？

「う～ん、よくわからないですが、儲《もう》かっています」

それはすごい！　よくわからないけど儲《もう》かる会社なんだ（笑）。

このとき会場の体育館は爆笑《ばくしょう》に包まれるわけですが、その後、彼《かれ》に伝えたのは「今のワクワクしている気持ちを忘れずに、儲《もう》かる社長になるために必要なことをやれば必ず実現するよ」ということです。

彼《かれ》は「得意な数学をがんばります！」と力強く宣言してくれました。

このように、「こんな人になりたい」という将来像を描《えが》いて、そうなっている自分が想像できると、そのためにやるべきことに対しても前向きに取り組めるようになりますね。このとき、そのことが「好き」になっているはずです。

「なりたい姿」を想像するときに大事なことは、今の自分の実力を無視して考えること。

ワクワク感が大事です。

だから、妄想《もうそう》でいいんです。

質問6

将来の自分に期待することはなに？

キミの答え

私は将来の自分が

になることを期待しています！

将来に対して前向きになりきれないなら「期待」でもいい

どうですか？

どんな将来が浮《う》かんできましたか？

妄想《もうそう》しているとワクワクしてきますよね。

このワクワク感が、前に進む原動力となります。

そうは言っても、まだ自分の将来に対して前向きになりきれていないこともあるかもしれません。

そんな場合は、将来の自分に期待することを考えてみましょう。

ここで大事なのは「無責任」に考えてみるということです。責任を感じてしまうと、期待することではなくなってしまうからです。

「幸せになっていてほしい」

「結婚《けっこん》して子どもが3人いて、家族仲良く暮らしている」

「仕事で大成功して大金持ちになっている」

こんな回答が多いでしょうか。

では、そうなっている将来の自分が、今の自分にメッセージをくれるとしたら、どんなメッセージが届くと思う？

「今のまま、まっすぐ生きていけばいいよ」

「今やっているバスケットボールをがんばれば道は開ける」

「もう少し待てば、大好きな人ができるから」

こんなふうに考えると、無責任な期待でも「もしかしたら」とワクワクしてきますよね。

大谷選手も自分に期待して不調を乗り切った

メジャーリーガーの大谷翔平《しょうへい》選手がロサンゼルス・ドジャースに移籍《いせき》しました。世界のプロスポーツ史上もっとも高額の移籍契約《いせきけいやく》が大きな話題になりましたね。

大谷選手といえば言わずと知れた「二刀流」。並外れた身体能力と綿密に練り上げられた技術がこのベースになっていますが、芯《しん》になっているのは「人間性」ではないかと思っています。

ＷＢＣのときも元同僚だった日本ハムの選手から「（相変わらず）生意気」といじら

れるほど。もちろん「愛すべき後輩《こうはい》」という意味だと思いますが、ここに人間としての芯《しん》を感じられるのです。

明るくさわやかで物腰《ものごし》も柔《やわ》らかいですが、「自分をしっかり持っている」面もあります。故障で出場を辞退した17年のＷＢＣ前の年末、大谷選手は記者会見でこんなことを話していました。

「そもそも5年後、10年後を見据《みす》えた話なので。来年（17年）すごい成績を残したいというのもありますが、自分が今後ピークを迎《むか》えるときに、どういう選手になりたいか、ということなので」

そして最後に「自分が一番期待してるんじゃないですか」と答えています。

自分の将来に前向きになれないのは、将来に対して諦《あきら》めの感情や義務感、プレッシャーを感じてしまっているからです。

そんなときは、将来に対して無責任に考えてみるといいですね。

「期待していること」なら「そうならないといけない」という責任はありませんので、自由に考えられますよね。

質問7

もっとも憧《あこが》れる人、尊敬する人は誰《だれ》？

私のもっとも憧《あこが》れる人、尊敬する人は

です！

キミの答え

その理由は

だからです！

自分の将来を想像できないなら他人を参考にしてもいい

自分の将来を想像してワクワクしている状態、これが「夢がある」ということです。物事に対する意欲を高めるときに大事なのは、この「夢がある」ということ。ただ勉強をがんばることはできないですし、ただ練習をがんばることもできませんよね。がんばる理由がいるのです。

それが「夢」です。

それでもやっぱり「夢と言われても、なかなか想像できない」という人もいるかもしれません。

そんなときは、自分以外の人でなりたい姿を体現している人を見つけ、その人を参考にしてみましょう。

憧《あこが》れる理由を考えると「なりたい自分」が見えてくる

高校の特進クラス（国立大学や難関私立大学を目指すクラス）で、受験に関するメンタル指導に入った際に「もっとも憧《あこが》れる人、尊敬する人は誰《だれ》ですか?」と質問してみたことがあります。

すると「お父さん（お母さん）」「指導者（恩師）」「芸能人」「スポーツ選手」「歴史上の偉人《いじん》」など、様々な回答がありました。

そこで、「その人に憧《あこが》れる、尊敬する理由はなんですか?」と聞くと、芸能人やスポーツ選手の場合は「すごい」「みんなから認められている」などといった感じ。両親の場合は「仕事を毎日がんばっている」「いつも相談に乗ってくれる」。指導者（恩師）の場合は「親身《しんみ》になってくれる」「疑問にきちんと答えてくれる」などの答えが挙がりました。

ここで気づいた人もいると思いますが、みな「こんなふうになれたらいいな」という回答なのです。

経験していない未来を想像できなくても問題ない

私がサポートしている高校でも、もっとも憧《あこが》れる人、尊敬する人について考えてもらっています。

野球部ではプロ野球やメジャーリーガーが多いですね。

サッカー部やバスケットボール部、バレーボール部などでは、日本代表や海外で活躍《かつやく》している選手がやはり多いです。

そして憧《あこが》れる、尊敬する理由を聞くと、「結果を出している」「世界で戦っている」「とにかくかっこいい」などという回答があります。

つまり、「こんな人になりたい」と思っているわけです。

自分の将来がなかなか想像できないのは、経験したことのないものだからです。脳は経験していない未来を思《おも》い描《えが》くことが難しいのです。

ならば「憧《あこが》れる人」「尊敬する人」を通して、自分の「なりたい姿」を想像してみましょう。

「こんな人になりたい」と思うこと、これがそのまま夢になります。

質問8

憧《あこが》れの人をライバルにするとどうなる？

キミの答え

私は

を超《こ》えるべきライバルに設定します！

憧《あこが》れで終わってしまわないためのひと工夫《くふう》

「なりたい姿」、ズバリ「夢」は描《えが》けましたか？

自分の将来が想像しづらくても、憧《あこが》れの人や尊敬する人を通して自分の将来を想像することができます。

ただ、そのままでは単なる憧《あこが》れの存在で終わってしまうので、もうひと工夫《くふう》しましょう。

サポートしている高校女子バレーボール部でのメンタルトレーニング講習での話です。

憧《あこが》れの存在が明確になった後に、「憧《あこが》れの人をライバルにすると、どうなる？」と問いかけました。

すると、エースアタッカーの選手が手を挙げて、笑顔《えがお》で即答《そくとう》してくれました。

「憧《あこが》れの人が超《こ》える存在になる」

おっ、いいねー。そうなると、どうなるの？

「その人を超《こ》えようとすることで自分も成長できる」

すばらしい回答が来ました。

この高校は、全日本バレーボール高等学校選手権大会（春高バレー）に22年連続出場を果たしています。

尊敬や憧《あこが》れでは、その相手を超《こ》えられない

アテネオリンピックの女子マラソンで金メダルを獲得《かくとく》した野口みずきさんが、以前インタビューで尊敬する人の話になり、「これまでは選手だったので言いづらかったのですが」と前置きをして、高橋尚子《なおこ》さん（シドニーオリンピック金メダリスト）の名前を挙げたことがあります。

野口選手は、シドニーオリンピックで高橋選手が金メダルのテープを切った映像を見て、自分に置《お》き換《か》えていたそうです。アテネで自分がトップでテープを切っている姿を想像してワクワクしながら練習に取り組んでいたのでしょう。

そして、こう言ったのです。

「選手の間は、『尊敬の思いを口にすると超《こ》えられない』と高橋選手への思いを封印《ふういん》し

ていました」

尊敬や憧《あこが》れでは、その相手を超《こ》えられません。だから、高橋選手を憧《あこが》れの存在からライバルに設定したんですね。

ライバルに設定することで、「超《こ》えるためにがんばろう」という思いが作られるのです。

憧《あこが》れるのではなく、超《こ》えるべきライバルにしよう

２０２３年のＷＢＣ、アメリカとの決勝戦前のミーティングで大谷選手が語った「今日だけは（メジャーリーガーに）憧《あこが》れるのをやめましょう」という言葉も有名になりました。

その言葉を耳にして、大谷選手が日本のプロ野球で活躍《かつやく》しているときに、取材でフリップに目標を書いてほしいと言われたときのことを思いだしました。手にしたフリップをじっと眺《なが》めながら、大谷選手は一向にペンが進まなかったのです。

その理由は、「目標とする数字や憧《あこが》れの存在を作ると、それを超《こ》えられない」からで

した。

憧《あこが》れだけでは「しょせん、あの人のようにはなれっこない」と諦《あきら》めてしまうかもしれません。そして、その瞬間《しゅんかん》に脳は燃《も》えつきてしまいます。

だから、あえて超《こ》える存在である「ライバル」にして、いつまでも脳が燃《も》えつきないようにしていくことが大切なのです。

質問9

憧《あこが》れの人に近づくために どんなことを学べばいいと思う？

キミの答え

私は

がやっていた

を実行します！

憧《あこが》れの人がやってきたことを同じように実行してみよう

憧《あこが》れの人を「追いつき、追いこす存在」として設定すると、自分の目指す姿も明確になり、「さぁ、これからがんばっていくぞ！」とやる気が出てくると思います。

ただ、そのままではなにをどうしていいのかわからなくて、その人に追いつき、追いこす具体的なイメージが湧《わ》きづらいかもしれません。それでは行動に移せず、叶《かな》わない夢になってしまいますよね。

そのような場合には、まずその憧《あこが》れの人をよく知ることが重要です。

憧《あこが》れの人がどんなことを経験してきたのか、どういうときにどのように考えて行動してきたのか。

そういったことを知ると同時に、自分と比較《ひかく》すれば、自分に足りないと思うところ、もっと伸《の》びしろがあると思うところを見つけることもできますね。つまり「憧《あこが》れの人と今の自分との差異」に焦点《しょうてん》を当ててみるわけです。

そして、憧《あこが》れの人がやってきたことを同じように実行してみることで、夢に近づく具体的なイメージが湧《わ》いてきます。

マネすることで、夢をより具体的にイメージできる

例えば、私がサポートしている高校野球部に在籍《ざいせき》していた、ある投手の話を紹介《しょうかい》しましょう。

彼《かれ》の憧《あこが》れの存在は、大谷翔平《しょうへい》選手でした。

そこで、大谷選手と彼《かれ》の差異を見つけるために「大谷選手に近づくためには、どんなことを学べばいいと思う？」と聞いてみました。

「身体の使い方や力のつけ方、出力を上げる方法、具体的な目標設定の仕方……」たくさんあるね。じゃあ、どんな順序で学んでいけばいいと思う？

「まずは具体的な目標設定から……それから学びたいことを挙げていって、きちんと計画を立てたほうがいいですね」

その後、再びその高校を訪《おとず》れた際に、この投手は、大谷選手も高校生のときに作成したと言われる目標設定シート（９マス×９マスのマンダラチャート）を見せてくれました。

「なかなか埋《う》められないところもあったんですが、なんとか埋《う》めてみました。書いてい

ることが違《ちが》うんじゃないかというところもあると思うんですけど……」

そう言いながらも、なかなかしっかり書けていました。

この投手は、今ではプロ野球で活躍《かつやく》しています。

こうやって憧《あこが》れの人のことを「マネる」のも、夢を具体的にイメージするための大切なポイントです。

質問10

未来の自分は、いつごろ、どうなっている？

キミの答え

私は　年後には

になれたらいいなぁと思っています！

夢が叶《かな》うまでの未来年表を作ってみよう

ここまで夢について考えてきました。

「こんなふうになれたらいいな」という自分の姿を思いうかべることができるようになりましたか？

ただし、「こうなれたらいいな」と思っているだけでは、その夢は実現しません。

なぜかというと、その夢を本当に実現できると信じることができないからです。

そこで、自分の未来年表を作ってみましょう。夢が叶《かな》うまでの途中《とちゅう》経過をイメージするのです。

例えば、ある高校の野球部の1年生と、こんなやりとりをしたことがあります。

「僕《ぼく》の夢は地域に自分の野球チームをつくって子供から社会人まで野球を楽しめる環《かん》境《きょう》をつくることです！」

その夢はいつごろ実現したらいい？

「20年後には実現したいと思います」

20年後ね！　ではそれまでにこれを達成したい、こんなことができるようになっていたい、と思うことはなに？

「7年後には大学でレギュラーになって大学の選手権大会で優勝します」

他には？

「高校3年生で夏の甲子園《こうしえん》で優勝」

おっ、いいね！　大学で優勝した後はどうなるの？

「ドラフト3位以内でプロに進みます」

そして？

「ホームラン30本、打率3割、30盗塁《とうるい》でチームの要と言われる選手になります」

そうしたら？

「えっ？　メジャー行き……ですかね（笑）」

この選手は今、東京六大学野球で活躍《かつやく》しています。

なるべく具体的にイメージするのがコツ

未来年表は、基本的には最終的になりたい姿をゴールにして、そこから遡《さかのぼ》っていくと作りやすいでしょう。

例えば20年後の夢が「金融《きんゆう》業界で世界をまたにかけるビジネスマン」なら、10年後には「○○会社に入って実力をつける」、5年後には「○○大学で金融《きんゆう》と経営について学ぶ」、3年後には「○○大学に合格する」、1年後には「○○高校に合格する」……という感じです。

もちろん、5年後と10年後の間の7年後にはこれ、8年後にはこれ、と必要なことがあれば書きこんでいって構いません。具体的に何年と書き入れ、そのときの年齢《ねんれい》も入れておくと、より現実味を帯びてきますね。

さらに、それぞれの年で実現したときのイメージができるような写真や絵などを貼《は》りつけておくと、ワクワク感が増してきますよ。

例えば、20年後の「世界をまたにかけるビジネスマン」であれば、自分の行きたい世界の都市の写真をいくつか貼《は》っておく。

3年後に入りたい大学の写真を貼《は》っておく。

できれば実際にその大学に行って、自分が写っている写真を撮《と》ったらなおいいですね。ぜひやってみてください。

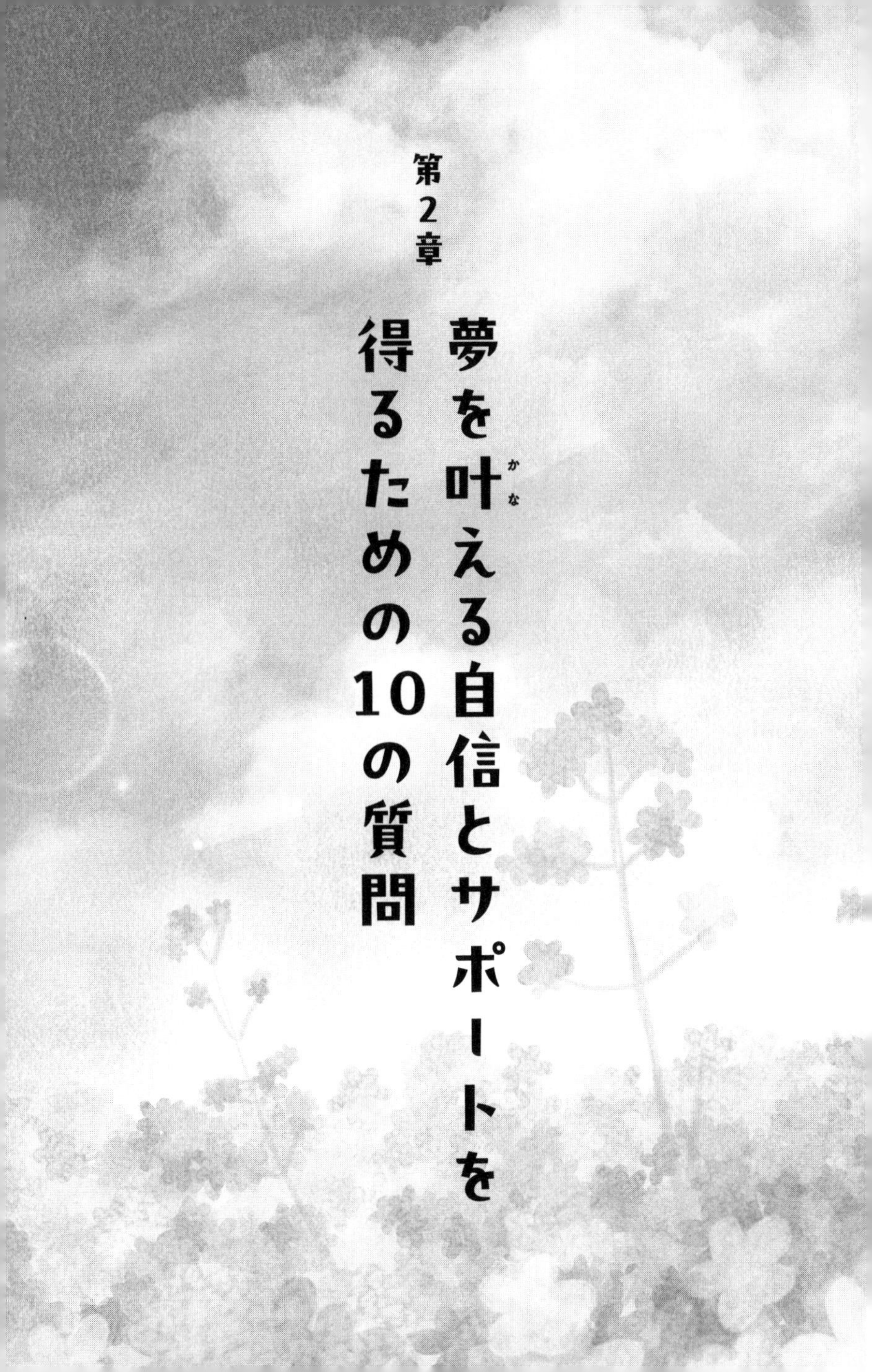

第2章

夢を叶《かな》える自信とサポートを得るための10の質問

質問1

自分のプラス面は？

キミの答え

今日の私は

がすばらしい！

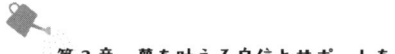

自己肯定《こうてい》感は、夢を叶《かな》えるための自信になる

「声が大きい」「友達が多い」「手先が器用」「リーダーシップがある」「人に優《やさ》しくできる」などなど……。自分のプラス面をたくさん見つけることができたキミ。とてもすばらしいと思います。

でも、もしかしたらプラス面がなかなか思いうかばないという人もいるかもしれませんね。別に珍《めずら》しいことではありません。

「自己肯定《こうてい》感が低い生徒が増えているんです」

中学校の先生からも、そんな相談を受けたことがあります。

自己肯定《こうてい》感とは、自分自身を肯定的《こうていてき》に感じている、つまり「自分はできる」とか「自分が好き」という感情のこと。

自己肯定《こうてい》感が高ければ、それは夢を叶《かな》えるための自信につながります。夢を実現するためには、自己肯定《こうてい》感が高いほうがいいのです。

逆に、自己肯定《こうてい》感が低いと、なにかやろうとしても「自分にはできないかもしれない」「自分には無理だ」などと思ってしまう。それでは、夢は遠のいてしまいます。

物事には必ずマイナス面だけではなくプラス面もある

では、自己肯定感《こうてい》を高めるにはどうすればいいのでしょうか？

実は、自己肯定感《こうてい》を高めることができるかどうかは、普段《ふだん》から自分のどの面を見ているかがポイントになります。

自己肯定感《こうてい》が低い人は、自分のマイナス面を見るクセがついていることがあるんです。

なぜそのようにマイナス面ばかり見ようとしてしまうのかというと、これまでの「できなかった」「失敗してしまった」という体験が脳に強く記憶《きおく》されていて、ことあるごとにこのマイナスの記憶《きおく》を思いだしてしまうからです。

でも、それって本当にマイナスしかない体験だったのでしょうか？

いいえ、違《ちが》います。

物事には必ずマイナス面とプラス面が存在していますから、その出来事にも「できなかった」というマイナス面だけではなく、プラス面も存在しているはずなのです。

例えば、「試合で負けた」という事実に対して、マイナス面を見れば「このまま負け続けるかもしれない」となるでしょう。

しかし、プラス面に視点を置くと、「これまでの練習の取り組み方では勝てないことがわかった。練習への取り組み方を変えるチャンスだ」とも言えます。

実際に、このようにプラス面に目を向けるように心がけた高校野球部は、その結果、奇跡《きせき》の大逆転劇で甲子園《こうしえん》出場を決め、常勝軍団へと変貌《へんぼう》しました。

毎日、自分のプラス面を見つけるトレーニングをしよう

このように自分自身や物事のマイナス面だけではなく、プラス面にも視点を移せるようにトレーニングしていけばいいのです。それだけで、自己肯定感《こうてい》が高まり、夢に近づくことになります。

例えば、コップに水が半分入っている状態を思いうかべてみてください。

水が入っていない部分を見て「水が半分しか入っていない」と表現するか。

水が入っている部分を見て「水が半分も残っている」と表現するか。

同じもの、同じ事象でも、視点がどこにあるのかによってマイナスにもプラスにも表

現できますよね。

自分のプラス面を見つけるというのは、そのように視点を変えるためのいい訓練になります。小さなことでもいいので、ぜひ毎日、自分のプラス面を見つけ、ほめたたえる言葉を自分自身にかけてみましょう。

質問2

これまでに達成した「自分史上最高に良い結果」は？

キミの答え

私の自分史上最高の結果は

です！

脳は経験したことのほうが強くイメージできる

自分のプラス面を見つけて、自己肯定《こうてい》感を高めることが大切。

それがわかっていても、どうしても現状のマイナス面ばかり見てしまって、視点をプラス面に移せないという人もいるでしょう。

そんなときは、自分史上最高だったということを思いだしてみましょう。これは、「未経験のことよりも、すでに経験したことのほうがより強く記憶されている」という脳の特徴《とくちょう》を利用した方法です。

「小学校の運動会で1位を取った」「中学1年生のテストで英語が100点だった」「試合で初めて勝った」などなど……。そんな、思いだすだけでワクワクしてくるような経験はあるでしょうか?

「1位」とか「100点」でなくても構いません。「過去最高点が取れた」「掃除《そうじ》でほめられた」「学級委員になった」など、自分史上最高だと思えることであればOKです。

過去一番輝《かがや》いていたときのプラス思考を取りもどそう

サポートしている高校野球部の主力選手が、なかなか調子が上がらず悩《なや》んでいる様子だったことがあります。そこで練習試合の後に話しかけて、これまでで自分史上最高だったというときを思いだしてもらいました。

「えっと……昨年の春の大会です」

そうなんだ。そのときどんな活躍《かつやく》をしているの？

「チャンスで打てて結果を残していました。無双《むそう》状態でした！」

おぉ、それはすごいね。そのときの気持ちは？

「最高です！」

今の自分との違《ちが》いはどこにあると思う？

「そうですね……やれる気しかしないという感じで、自信がありました」

そうか。じゃあ、その絶好調のときの自分が今の自分に言葉をかけるとしたら、なんて言う？

「『やってきたことを信じて、自信を持ってやれ！』と言うと思います」

それを聞いて、過去の自分になんて返答する？

「『やってやるよ！　見てろよ！』と言います」

その後、この選手はみごとに調子を取りもどし、夏の選手権大会で優勝に貢献《こうけん》しました。

このように、うまくいかなくてマイナス思考になってしまっているときは、自分が過去一番輝《かがや》いていた、自信があった、なにかに夢中になっていたときを思いだしてみるのです。そうすると、そのときのプラス思考を取りもどすことができます。

そして、そのプラス思考で今の自分を見つめ直すと、マイナス思考では気づけなかった、新しい可能性が見つかるはずです。

質問3

夢が叶《かな》うためにはどんなチャンスがあったらいい？

キミの答え

私は

というチャンスを掴《つか》みます！

明確になっていないと気づけない

夢を見つけ、それを叶《かな》える自信がついてくると、「今すぐ夢に向かって突《つ》き進《すす》んでいきたい！」とウズウズしてくると思います。

でも、ちょっと待ってください。もう少し考えたいことがあります。

その夢が叶《かな》うためには、どんなチャンスがあったらいい？

「どんなチャンスかと聞かれても……」と戸惑《とまど》ってしまうかもしれませんね。

でも、漠然《ばくぜん》と「チャンスがあったらいいなぁ」と思っているだけでは、いつまで経《た》ってもチャンスを掴《つか》むことはできません。

なぜなら、どんなチャンスがあればいいのかが明確になっていないと、チャンスが来ても、それに気づけないからです。結果、チャンスを逃《のが》してしまいます。

「チャンスは前頭だけに髪《かみ》の毛《け》があり、後ろ頭はハゲている」という言葉があります。前頭だけにしか髪《かみ》の毛《け》がないから、来た瞬間《しゅんかん》に掴《つか》まないと、過ぎた後では掴《つか》むことができないということです。

チャンスはタイミングが大事なのです。タイミングを逸《いっ》してしまうと、そのチャンスは掴《つか》めなくなってしまいます。

そうならないためには、どんなチャンスがほしいのかを事前に明確にしておく必要があるのです。

準備ができたとき、チャンスは向こうからやってくる

高校の講演会での質疑応答で、こんなやりとりがありました。

「サッカーで日本代表になってワールドカップに出たいんですけど、チャンスを掴《つか》むためにはどうしたらいいですか？」

そうか、ワールドカップ、出たいよね。どんなチャンスがあったらいいの？

「認められること……かな」

誰《だれ》に認められたらいい？

「日本代表の監督《かんとく》です」

では、代表監督《かんとく》に認められるためにはどうしたらいい？

「選手権で勝つことです」

いいねぇ。ということは、まずは選手権に出場して勝つこと、活躍《かつやく》することが大事なんだね。

「はい、目標が決まりました！　練習、がんばります！」

このように、どんなチャンスがあったらいいかを明確にしていくと、そのチャンスを掴《つか》むためにどんな準備をしておけばいいかもわかってきますよね。

「チャンスは備えあるところに訪《おとず》れる」

世界で初めてワクチンを開発したフランスの学者、ルイ・パスツールの言葉です。

「いつそのときが来ても大丈夫《だいじょうぶ》」と準備ができたとき、チャンスは向こうからやってきます。

夢が実現したら、誰《だれ》にどんな良い影響《えいきょう》を与《あた》えると思う？

キミの答え

私の夢が実現したら、

に

という好影響《こうえいきょう》を与《あた》えます！

自分が喜ぶためだけだと、そんなにがんばれない

「夢は自分のものだから、他人は関係ないんじゃないか」と思っている人もいるでしょう。

夢が実現したら、もちろん自分は嬉《うれ》しいですよね。でも、人間は自分が喜ぶためだけにがんばれるかというと、そうでもないんです。

「やらなければ」と思っていても、やる気が起きない、集中力が続かないのはこのためです。自分のためだけだとモチベーションの維持《いじ》が難しいのです。

その結果、もしうまく進まない状況《じょうきょう》になったときに、簡単に諦《あきら》めてしまう可能性が高くなります。

実際に、高校女子バレーボール部の監督《かんとく》から「能力があるのに、積極性がなくて、試合で結果が出せない選手がいるんです」という相談を受けたことがあります。

「『なぜここまでしかやらないんだ。ここまでやったんならもう少し先までやればいいだろう』と言うと、『自分のやることはここまでだと思いました』と平気で言うんですよ」

なるほど、「自分のことだけ」になってしまっているんですね。

せっかくのいい素材でも、このままでは力を発揮しないまま終わってしまいます。それはあまりにももったいない。

自分が夢を叶《かな》える理由を増やそう

そこで、この選手を呼んで話をすることにしました。

今なにを目指しているんだっけ？

「全国制覇《せいは》です」

全国制覇《せいは》したら、誰《だれ》にどんな好影響《こうえいきょう》があると思う？

「チームにいい影響《えいきょう》があると思います。あと、学校にも。学校を多くの人に知ってもらえるということでしょうか」

学校の認知度《にんちど》が上がって、多くの人に知ってもらえたら嬉《うれ》しい？

「はい、嬉《うれ》しいです」

キミにはそれができる資格と能力があるんだよ！

「はい、勝つためにやります！」

その後、この選手はバレーボール推薦《すいせん》で大学にも行って活躍《かつやく》できる選手になりました。

このように、夢を実現したら誰《だれ》にどんな好影響《こうえいきょう》があるのかを考えてみると、「自分が夢を叶《かな》える理由」がどんどん増えていきます。それが「どうしても夢を実現したい」という強い気持ち、がんばる力につながっていくのです。

質問5

夢を周りの人にどんなふうに伝える？

キミの答え

私は

になります！

夢を語ればサポートが得られる

夢が見つかったら、ぜひ周りの人に話しましょう。

もしキミが夢を語らなければ、キミがなにをしたいのか、どうなりたいのか誰《だれ》にもわかりません。ということは誰《だれ》からのサポートも得られないわけです。

逆に、普段《ふだん》から自分の夢を周りに伝えておけば、サポートしてくれる人も現れやすくなります。

このとき、大切なのが伝え方です。

「◯◯になれたらいいなと思います」

「◯◯ができるように努力します」

こんなふうに表現してしまう人がたくさんいます。

でも、それだと十分なサポートを得られないんですね。なぜなら、覚悟《かくご》や自信のなさが言葉に表れてしまっているから。

「なれたらいいな」という言葉の裏には「なれたらいいと思っているけど……（なれないかもしれない）」という言い訳の気持ちが隠《かく》れています。

同様に「努力します」という言葉も一見前向きに聞こえますが、「努力はするよ（でも結果はわからないよ）」という諦《あきら》めの気持ちが入っていますよね。

そういう気持ちの弱さが伝わってしまうと、周りの人も「そんなに本気ではないのかな」と感じてしまい、積極的にサポートしようという気持ちになれません。

「なります！」と断言するのが大切

ではどうすればいいかというと、「なります！」という表現を使いたいですね。

ＳＨＯＧＯさんというバイオリニストがいます。バイオリンひとつで単身アメリカに渡《わた》って、街角で演奏するストリートライブからスタートした人です。

以前、私が講演させていただいたイベントの食事会で、ゲストとして彼《かれ》が演奏を披露《ひろう》してくれたことがありました。そのとき、彼《かれ》は声も高らかに、こう宣言しました。

「必ずグラミー賞を取ります！」

実はこれ、昔からの彼《かれ》の口グセなのだそうです。

グラミー賞といえば、アメリカの音楽業界で優《すぐ》れた実績を出した人に贈《おく》られる、世界でもっとも権威《けんい》ある音楽賞のひとつです。わかりやすく言えば、日本レコード大賞の世界版ですね。

ストリート出身のバイオリニストがグラミー賞なんて、大げさだと思いますか？

でも、実はこのとき、彼《かれ》はアカデミー賞授賞式で演奏した後、その足ですぐに日本に戻《もど》ってきて、会場に駆《か》けつけてくれていたのです。

アカデミー賞といえば、アメリカで優《すぐ》れた映画に贈《おく》られる、世界有数の映画賞です。そんな名誉《めいよ》ある舞台《ぶたい》で演奏を依頼《いらい》されたのは、彼《かれ》の実力が評価されたことはもちろんですが、常々「必ずグラミー賞を取ります！」と言い続けていたからこそ、任せてみようと思われたのでしょう。

このように、「なります！」という言葉を使うことで「それならサポートしたい」という人も現れやすくなるのです。

それになにより、言い切ることで自分の心を決めることもできます。すると、脳は「そうなった」自分をイメージし、ワクワクしはじめるのです。

質問6

もし夢を否定されたらどうする？

キミの答え

私は夢を否定されたら

と心の中で宣言します！

夢を否定する言葉に耳を傾《かたむ》ける必要はない

「夢を語るとサポートしてくれる人が表れる」という話をしましたが、その一方で残念ながら、キミが夢を語ると否定してくる人も出てくるかもしれません。

「どうせ無理に決まってる」「なれっこないよ」「現実をわかっちゃいない」などと否定され、ときには「あははは、バカじゃないの？」「なに言ってるんだ？　あははは」などと笑われる。

ここで、キミにひとつお願いがあります。

そんなふうに夢を否定する人が現れたら、その人の話す言葉に耳を傾《かたむ》けないでください。もしそんな言葉を真に受けて、「やっぱりダメなのかな」「自分には無理なのかもしれない」と自信を失ってしまったら、ますます夢から遠ざかってしまいます。

他人の夢を否定する人は、自分の夢を叶《かな》えたことがない人です。夢を叶《かな》えたことがないから「夢なんか叶《かな》うわけがない」と思いこんでいるんです。いくらもっともらしい助言に聞こえても、そんな人の言葉はキミの夢を叶《かな》える役には立ちません。

とはいえ、否定されれば落ちこんでしまうのが普通《ふつう》ですよね。なので、もし夢を否定されたときにどう反応するか、決めておくといいでしょう。

「それでもぜったい○○になります！」と宣言できればいいのですが、相手が大人だったりすると、はっきり反論しにくいですよね。そんなときは、表面上は笑って受け流しつつ、心の中で夢を宣言するだけでもOKです。

夢を諦《あきら》めなかったから金メダリストを輩出《はいしゅつ》できた

なにを隠《かく》そう、私も夢を語って否定され、笑われた一人です。

中学3年生のときの話です。私は母子家庭で育ったので「なんとかこの貧乏《びんぼう》生活から抜《ぬ》けだしたい、稼《かせ》げるようになりたい」と強く思っていました。

そこで夢見たのが、プロボクサーです。当時はボクシング雑誌に夢中になり、雑誌に掲載《けいさい》されている海外の世界チャンピオンの写真を切り取って部屋の壁《かべ》に貼《は》りつけていました。そして「中学を卒業したら東京に出て、ジムに所属して働きながら世界チャンピオンを目指す！」と宣言したのです。

親戚《しんせき》一同、騒然《そうぜん》となりました。中学時代は野球部でそこそこ活躍《かつやく》していたので、いっせいに「バカなこと言ってないで高校で野球をやれ」のオンパレード（笑）。担任の先生にも、進路相談で「ふっ、なにを言っているんだ」「バカなこと言ってないで、もう一度ちゃんと考えろ」と鼻で笑われました。

結局そのときは、母に泣かれたのがちょっと堪《こた》えて、とりあえずは地元の野球強豪《きょうごう》校《こう》へ進学することになったのですが、それも「まぁ、夢を叶《かな》えるのは高校を出てからでも遅《おそ》くないかも」と思い直したからであって、心の中では夢を捨てたわけではありませんでした。

その後、紆余曲折《うよきょくせつ》あってプロボクサーにはならず、世界チャンピオンにはなれませんでしたが、今は世界で戦うアスリートのメンタルコーチという仕事につけています。そしてオリンピックの金メダリストも輩出《はいしゅつ》することができました。

すべては中学3年生のときの夢が出発点です。もしあのとき夢を諦《あきら》めていたら、今の私はなかったでしょう。

質問7

夢を叶《かな》えるため、なんて自分に言い聞かせる？

キミの答え

私はすでに

になっています！

ルフィや信のセリフは理に適《かな》っている

「海賊《かいぞく》王におれはなる！」

この言葉はあまりにも有名ですよね。マンガ「ＯＮＥ ＰＩＥＣＥ」の主人公、ルフィの言葉です。

同じように、私の好きなマンガ「キングダム」の主人公、信も「おれは大将軍になる男だ！」と言っています。

この二人の主人公に共通しているのは、どんなに否定されようが、笑われようが「海賊《かいぞく》王になる」「大将軍になる」という夢を、大きな声で断言しているという点。

実はこれ、夢を叶《かな》えるためにはとても効果的なんです。

なぜなら人間の脳には、思っていることよりも、言っていることを信じるという性質があるから。大声で叫《さけ》ぶというのは、自己暗示の有効な手法なのです。

そうやって自分に言い聞かせているからこそ、ルフィは海賊《かいぞく》王という価値観に従った判断をし、そのようにふるまっています。

その結果、どんどん夢に近づいていっているのですね。

荒唐無稽《こうとうむけい》なマンガのようでいて、実に理に適《かな》っていると感心します。

「すでにそうなった」と言い聞かせるのが最強

「そんなマンガの話をされても、現実にはマネできないし……」と思うかもしれませんが、実際にそれを実践《じっせん》している人もいます。

例えば2023年1月、世界ランキング1位のまま引退した車いすテニスの国枝慎吾《しんご》さん。彼《かれ》の現役《げんえき》時の口グセは「オレは最強だ！」でした。

試合では「オレは最強だ！」と書いたテープを貼《は》ったラケットを使い、試合中にも大声で「オレは最強だ！」と叫《さけ》ぶ。それだけでなく、日頃《ひごろ》から朝起きて何回も「オレは最強だ！」と自分に言い聞かせていたそうです。

そうすることで「自分がそのための努力をしていると自分自身に問いかけることになり、練習の質が上がる効果があった」とインタビューでも話されています。

ちなみに、このように自分に言い聞かせるときには「断定する」→「現在進行形にする」→「過去形にする」という順にセリフを深めていくのがポイントです。そうすることで、「そうなることが決まっている」→「そうなりつつある」→「すでにそうなった」と、どんどん強く思いこめるようになります。

そういう意味では、ルフィもそろそろ「おれは海賊王《かいぞく》だ！」とセリフを変えてもいいかもしれませんね（笑）。

質問 8

キミが夢を叶《かな》えたら、誰《だれ》が喜んでくれる？

キミの答え

私は

を必ず喜ばせます！

夢を叶《かな》えられるのは「自分以外の誰《だれ》かのために」がんばっている人

2016年のリオデジャネイロ五輪、男子400m個人メドレー決勝で、萩野公介《はぎのこうすけ》さんが日本新記録をマークし、同大会の日本選手金メダル第1号となりました。

実は、この萩野《はぎの》さんについては、競泳日本代表の平井伯昌《のりまさ》コーチが以前「自分のことしか考えない。だから大事なレース前になると孤独《こどく》になってビビる」とインタビューで話していたことがあります。

そんな萩野《はぎの》さんが、五輪という大舞台《おおぶたい》でなぜ偉業《いぎょう》を遂《と》げられたのか?

試合後の萩野《はぎの》さんのセリフが、すべてを物語っています。

「本当にいろいろあったけど、平井伯昌《のりまさ》コーチにメダルをかけてあげたい一心で泳ぎました」

そうなんです。

大事な場面で能力を発揮できる人と、そうでない人。

逆境になっても諦《あきら》めず乗りこえられる人と、そうでない人。

ある程度の目標達成で満足してしまう人と、そうでない人。

これらの違《ちが》いは「誰《だれ》のためにやっているのか」ということです。

「自分のためにやっている」人は、大事な場面でビビったり、逆境で諦《あきら》めたり、ある程度で満足してしまいます。

最高のパフォーマンスを発揮でき、そして勝利を掴《つか》むことができる人というのは、「自分以外の誰《だれ》かのために」がんばっている人なのです。

一緒《いっしょ》に喜んでくれる人がサポーター

もちろん、自分のためにがんばることは大事です。

ただ、「自分のためだけ」では限界があるのです。「結果が良ければ、そこで満足して、やる気がなくなる」「結果が悪ければ、そこで諦《あきら》めて、やる気がなくなる」という状態になってしまいます。これを「燃えつき症候群《しょうこうぐん》」と言います。

そこで、脳が燃えつきないようにするために「自分以外の人のために」がんばることが大切になるのです。一人では、夢は実現できません。

だから、考えてみましょう。

キミが夢を実現したら、喜んでくれる人は誰《だれ》ですか？

周りを見渡《みわた》すと、キミの夢を応援《おうえん》し、我《わ》がことのように喜んでくれる人がいるはずです。お父さん、お母さん、兄弟姉妹《しまい》などの家族はもちろん、友人も候補に挙がると思います。

その人たちがキミのサポーターとなって、苦しいときに力を与《あた》えてくれる存在になるのです。

その人たちが喜んでいる姿を思いうかべながら、夢に向かって邁進《まいしん》していきましょう！

質問9

夢を実現するために、まずなにから取り組む？

キミの答え

私はまず

に取り組みます！

脳は2つ以上のことに集中できない

夢をたくさん持つのは、とても良いことです。

ただ、このとき陥《おちい》りがちなワナがあるんですね。

それは、あれもやりたい、これもやりたい……と迷って、同時に2つ以上のことに取り組んでしまうということです。

脳は、2つ以上のことに集中できません。

例えば、勉強しながら好きな歌を聞いていたとしましょう。問題を問いているときは歌は耳に入ってきませんし、歌に耳を傾《かたむ》けると問題の文章が頭に入ってきませんよね。同時にやっているようで、脳はその都度集中するスイッチを切りかえているのです。

もし本当に同時にやろうとしたら、勉強にも歌にも集中できず、結果としてどちらもできないはずです。

だから、やりたいことがたくさんあったとしても、迷いを断《た》ち切《き》って、まずは目指すものをひとつに絞《しぼ》ることが重要になります。

フィギュアスケートでオリンピック連覇《れんぱ》など輝《かがや》かしい成績を残した羽生結弦《ゆづる》さんは、インタビューでこんなふうに話していました。

「いろいろな幸せを捨ててきたからこそ、幸せの結晶《けっしょう》を求めてきたからこそ、今幸せって言える」

羽生さんは金メダルを獲得《かくとく》する幸せを得るために、他の幸せと思えることを捨ててきたということです。

「二兎《にと》を追うものは一兎《いっと》も得ず」ということわざもあります。なにかを得るためには、なにかを捨てる覚悟がいるのです。

優先順位を決めて集中するから、夢が次々と実現する

もちろん、だからといっていくつもの夢をぜんぶ諦《あきら》める必要はありません。ひとつのことに絞《しぼ》るというのは、実は優先順位の話なのです。

やりたいことがたくさんあったとしても、まずは一番大切なことに集中して取り組む。そして、それが達成できたら、次のことに取り組む……といった具合に、優先順位

を決めて取り組むこと。

これが夢の実現の近道なのです。

あれもこれもと言っていたら、時間、お金、労力といった大切な資源が分散してしまい、結局なにも実現できないということにもなりかねません。

中でも特に、時間です。

時間は有限です。なにかを成《な》そうとしたら、そのことに時間をかけるために、他のことに割《さ》く時間を削《けず》らなくてはなりませんよね。

だから、まず「これ」と決めて、そこに時間やお金、労力を集中させる。

このように選択《せんたく》して集中するから、夢が次々と実現しやすくなるんですね。

平昌《ピョンチャン》オリンピックのスピードスケートで2つの金メダルを獲得《かくとく》した高木菜那《なな》さんに、夢を聞いたことがあります。彼女《かのじょ》は「テレビに出たい」と話していました。

テレビに出るためには、いろいろな方法が考えられると思います。でも、その中から彼女《かのじょ》はスピードスケートを選び、そこに集中しました。

その結果、彼女《かのじょ》はみごと金メダリストになり、その姿が世界中のテレビで放送されたのです。

質問10

夢に近づくために、今すぐできる小さな行動はなに？

キミの答え

私は今すぐ

をやります！

小さく分けると行動できる

大きな夢を描《えが》いたものの、その夢があまりに大きすぎて、立ちすくんでしまうということもあるかもしれません。

そのような場合に私たちメンタルコーチが使う手法で、「チャンクダウン」というのがあります。

チャンクとは、まとまった「かたまり」を意味します。チャンクダウンは、大きな夢を複数の小さくて具体的な目標に分解するという手法です。

チャンクダウンをするには、いろいろ専門的な手順もあるのですが、一番大切なポイントが「今すぐ行動できるレベルまで分解すること」。それによって、夢への第一歩を踏《ふ》みだせるようにするのです。

その一歩は、夢に少しでも近づくものでありさえすれば、どんなに小さな一歩でも構いません。「目標を書く」「誰《だれ》かに宣言する」「さっそく勉強に取りかかる」「今日のトレーニングを行う」といったように、なにも考えずにすぐできる小さな行動を考えてみましょう。

一度動きだしてしまえば、弾《はず》みがついて、次の一歩を踏《ふ》みだす勇気も湧《わ》いてきます。もし再び立ち止まってしまったら、またそこでチャンクダウンをすればＯＫです。

まずは一歩踏《ふ》みだすことが大切

二宮尊徳《そんとく》（二宮金次郎《きんじろう》）という人を知っているでしょうか？

「そういえば学校にあった、薪《まき》を背負い本を読んでいるあの銅像が、そんな名前だったな」と思いだす人もいるかもしれませんね（最近はあまり見かけなくなりましたが……）。

江戸《えど》時代の末期に、関東地方を中心に多くの農村の復興に力を尽《つ》くした人物です。彼《かれ》は幼い頃《ころ》に天災で一家離散《りさん》の目に遭《あ》い、貧しい生活を送る中で、働きながらも勉強することを諦《あきら》めなかったと言われています。そんな姿が銅像となって残っているのですね。

以前、その二宮尊徳の7代目の子孫にあたる方の講演を聞いたことがあります。

実はあの銅像をよく見ると、本を持って、薪《まき》を背負い、一歩足を踏《ふ》みだしているということがわかります。これは、「本」が学ぶこと、「薪《まき》」が働くこと、「一歩足を踏《ふ》みだしている」ことが実践《じっせん》・行動の大切さを表しているのだそうです。

そして、その中でも二宮尊徳がもっとも大事にしていたのは、実践《じっせん》・行動。亡《な》くなる間際《まぎわ》にも、「名を遺《のこ》さず、行いを遺《のこ》せ」と言い遺《のこ》しているんだそうです。

どんなに大きくて立派な夢も、まずは小さな一歩から始まります。

さぁ、キミも恐《おそ》れず踏《ふ》みだしましょう！

第3章

夢に向けて目標を立てるための10の質問

質問1

夢への道のりの中で、まずどこを目指す？

キミの答え

私はまず

を目指します！

具体的な目標があるとがんばれる

第1章で、夢を見つけるためには今の実力や実績、経験などは無視していい、と説明しました。夢は考えているだけでワクワクして、ご機嫌《きげん》になることが大切ですから、ある意味で無責任な、「こうなれたらいいなぁ」という妄想《もうそう》でいいのです。

でも、いざその夢に向かって歩きだそうとする際には、まずどこに向かうべきかが具体的にわからないと、途中《とちゅう》で迷子になってしまいますよね。

夢が大きければ大きいほど、いきなり夢にたどり着くことはないですから、「まずはここまで」という具体的な行き先を決めることが必要になります。

それが「目標」です。

50代にも関わらずノルディックスキー・ジャンプ男子で現役《げんえき》トップ選手として君臨している葛西《かさい》紀明選手。先日のワールドカップ札幌《さっぽろ》大会予選でも予選突破《とっぱ》を果たし、ワールドカップ最年長出場として6個目のギネス世界記録になる可能性が出てきました（2024年3月31日現在）。

実は葛西《かさい》選手には密《ひそ》かに目標にしている存在がいるようです。

それは、野球選手のイチローさんです。

「イチローさんは（ギネス世界記録を）７個持っているので。僕《ぼく》はまだ5個しか持っていないので、追いつきたいな。こんなことを言ったら怒《おこ》られちゃうかな」

そんなふうに、ちゃめっ気たっぷりにインタビューで話していました。

ただ「長い間トップ選手として活躍《かつやく》したい」という漠然《ばくぜん》とした夢を持つだけでは、なかなか努力は続けられないものです。そんなとき、葛西《かさい》選手にとってのイチローさんのように、具体的な目標があると、そこに向けてがんばることができますよね。

夢は近づくと目標に変わる

ちなみに、そのイチローさんは、こんなことを言っています。

「夢は近づくと目標に変わる」

最初ははるか先にある夢のようなことでも、近づいて見えるようになってくると、それは目標になるということです。

たしかに私も経験しました。

高校野球や五輪選手のメンタルコーチになること。
本を出版すること。
全国を講演して回ること。
若い頃《ころ》の私には、すべてが夢物語でした。しかし、今これらはすべて叶《かな》っています。
まずは向かう先（目標）を決めて、その場所に行ってみる。
そうすると、その場所から見える景色があります。
そして、次の道（目標）が見えてきます。
そうやって歩みを進めるうちに、夢だと思っていたことも目標になっていくのです。

質問2

目標をいつまでに達成する？

キミの答え

私は

までに目標を達成します！

目標と期限は、必ずセットで

目標は「達成する」ためのものです。

そこで大切なのが、「期限」を設定すること。つまり、いつまでにその目標を達成するのかを決めるのです。

目標と期限は、必ずセットになるものだと思ってください。

高校受験に向けたメンタルコーチングで、「将来はフレンチレストランの経営をやりたい」という夢を語ってくれた中学生がいました。

レストラン経営の夢を叶《かな》えるために、高校卒業時にはどうなっていたらいい？

「大学にも行きたいので、大学に合格していたいですね」

どこの大学に行きたいとかはあるの？

「まだぼんやりですけど、経営を勉強できるところがいいです。実はいくつか候補はあるので、合格できるように勉強します」

おっ、それはすばらしい！　合格ラインもわかっているんだ。じゃあ、合格するためには、来年の3月にはどうなっていたらいい？

「英語の成績を上げたいですね」

なぜ英語？

「ちょっと苦手なのと、あと、外国人のお客と会話ができたらいいかなと」

そうだね！　英語は大事だね！　具体的にはどうなっていたらいいの？

「全国模試で85点以上ですね」

良い目標だね。全国模試はいつごろ？

「来年の1月ですね」

このように夢を思《おも》い描《えが》いてワクワクしながら、期限を決めて現実的な目標に落としこんでいきましょう。

期限はなるべく近い時期に設定しよう

このように「1月の模試で英語を85点にする」などと期限を決めると、「とりあえず、そこまではがんばろう」とやる気が出てきますよね。人間は期限がないと先延ばしにしがちですが、期限が決まると行動に移しやすくなります。だから、期限を決めることが大切なのです。

なお、期限を決めるときには、なるべく近い時期に設定するのがコツです。例えば期限を5年以上先にしてしまうと、不確実な要素が多くなりすぎて、具体的に想像しにくいですよね。それに「まだまだ時間があるから」と思うと、やる気も上がりにくいです。

なので期限は長くても3年後、できれば1年以内にしましょう。

特に学生の場合は「卒業」「今年度」「今学期」といったわかりやすい区切りがありますから、それを期限にするのがイメージしやすくオススメです。

質問3

なぜその目標を達成する必要があるの？

キミの答え

私が目標を達成する目的は

です！

目的がなければがんばれない

高校の野球部でメンタルトレーニング指導をしているときに、「目標は？」と質問すると、みんな「甲子園《こうしえん》出場です！」と元気良く答えてくれます。

ところが、「なぜキミたちは甲子園《こうしえん》に出場する必要があるの？　目的は？」と質問すると、ほとんどの人が無言になってしまいます。

目標はあるのに、目的がないのです。これでは、目標を達成できる可能性が低くなってしまいます。

もちろん、そもそも目標とは「夢への道のりの中で『まずはここまで』という行き先」ですから、「夢を叶《かな》えるため」というのも目的と言えるかもしれませんね。

でも、ここで聞いているのは、そういうことではありません。

第２章で「夢が実現したら、誰《だれ》にどんな良い影響《えいきょう》を与《あた》えるか？」「夢を叶《かな》えたら、誰《だれ》が喜んでくれるか？」ということを考えてもらいました。そのとき、「自分のためだけでは、夢を叶《かな》えるためにがんばれない」という話をしましたよね。

目標についても、同じことが言えるのです。

つまり、目標を達成するためには、なにかのため、誰《だれ》かのためという理由がないとがんばれません。それが、ここで聞いている目的なのです。

ドライブに例えるなら、行き先が「目標」であり、そこにたどり着くために必要なガソリンが「目的」ということになります。

目的はたくさんあっていい

ですからサポートしている高校野球部では、チームと個人の目標を設定したら、その目標を達成する理由（目的）も必ずセットで考えてもらいます。

例えば、こんな感じです。

チームの目標「来年の夏の甲子園《こうしえん》でベスト8になる」
チームの目的「子どもたちに野球の楽しさを伝えるために甲子園《こうしえん》に出場し、地域の野球人口を増やす」「これまでお世話になった両親、コーチ、学校の先生、仲間や友達を喜ばせる」

個人の目標「来年夏の大会でエースナンバーをもらう」
個人の目的「自分の投球でチームに笑顔《えがお》と勢いを与《あた》える存在になる」「お母さんを笑《え》顔《がお》にする」

こんなふうに、「目標を達成することで誰《だれ》にどんな良い影響《えいきょう》を与《あた》えたいか」「目標を達成することで誰《だれ》を喜ばせたいか」を考えると、目的を決めやすいと思います。

目的を決める際の注意点として『イメージできること（人）』であることがあります。脳はイメージできないことに意識を向けることができないからです。

質問4

目標を数値で表すとどうなる？

キミの答え

私の目標数値は

です！

現在の数値は

です！

目標は「達成したかわかる表現」にしよう

目標を設定するときの大切なポイントのひとつに、「なるべく具体的に、達成したかどうかわかる表現で」設定するというものがあります。

例えば、次のような目標はどうでしょうか？

①もっと打てる打者になる。
②しっかり抑《おさ》えられる投手になる。
③速く走れるようになる。
④英語の成績を上げる。
⑤認められるようになる。

これらの表現は具体的でしょうか？

これでは、その目標が達成できたかどうかを客観的に判断できないですよね。

では、どうすればいいのかというと、目標を数字で表せばいいのです。

①打率を3割にする。
②防御率《ぼうぎょりつ》を2%台にする。
③50mを5秒台にする。
④英語の成績を90点平均にする。
⑤「よくできました」を10回取る。

このように目標を数値化すると、達成できたかどうかが一目瞭然《いちもくりょうぜん》になりますね。

数値化すれば、目標と現在地が目で見えるようになる

そしてもうひとつ、目標の数値化には良いことがあります。

それは、現在地もわかるようになり、目標に近づいているかどうかも客観的に判断できるようになることです。

目標打率は3割で、現在は2割6分。

目標平均点は90点で、現在は80点。

このように目標と現在地が数値でわかることで、これから目標に向けてなにをどれだけやる必要があるかも見えるようになってきますね。

２０２３年夏の甲子園《こうしえん》で初優勝した仙台《せんだい》育英高校は、投げる、打つなどの能力をすべて数値化し、そのデータに基《もと》づいてレギュラーやベンチ入り選手を決めるシステムになっているそうです。

例えばスイングスピードや球速、一塁《るい》まで駆《か》け抜《ぬ》けるタイムなど、個々の基礎《きそ》能力が記されており、成長具合やチーム内順位が一目でわかるようになっているのです。部員は誰《だれ》でもこのデータを閲覧《えつらん》することができ、その数値に基《もと》づく評価が、公式戦のベンチ入りメンバーの選考に直結するとのこと。

だから選手たちはなにをどれだけやればいいのかという「目標」が明確になり、練習やトレーニングに対するモチベーションも上がっているということです。

目標は、「目」で見える「標《しるし》」と書きます。つまり、目標は目で見えないといけないのです。

そして、見えるようにするために効果的なのが、数字で表すという方法なのです。

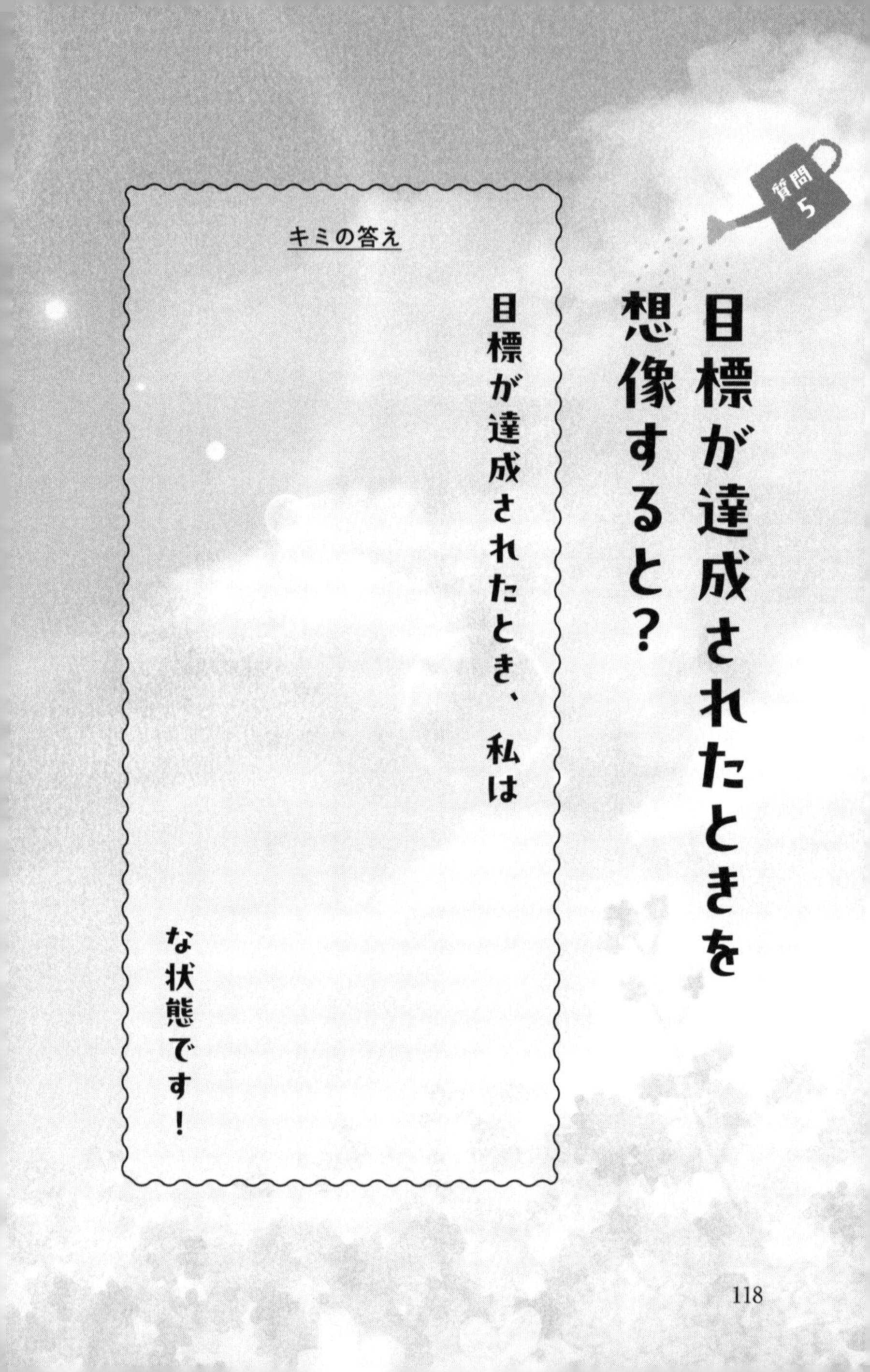

質問5

目標が達成されたときを想像すると？

キミの答え

目標が達成されたとき、私は

な状態です！

適切な目標設定のために必要な5つの要素

目標設定については、「SMART《スマート》」という考え方もあります。適切な目標設定のためには、次の5つの要素が必要だという考え方です（各要素の英単語の頭文字《かしらもじ》を取ってSMART《スマート》です）。

①Specific《スペシフィック》（具体的な）……具体的にイメージできること。誰《だれ》が見てもわかることがポイントです。
②Measurable《メジャーラブル》（測定可能な）……達成度合いを判断するのが容易であること。つまり数値化するなど見えることが必要です。
③Achievable《アチーベイブル》（達成可能な）……現実的に達成の可能性があること。チャレンジする意欲が湧《わ》くことが重要です。
④Related《リレーテッド》（関連性のある）……夢や願望の実現につながること。自分の価値観に沿ったものであることが大切です。
⑤Time-bound《タイムバウンド》（期限のある）……いつまでに達成するかが決まっていること。しっ

かり期限を作ることが大事です。

普段《ふだん》あまり見かけない英単語がいっぱいで、なんだか難しそうですね。それもそのはず、実はビジネスの世界で使われている考え方なのです。

でも、落ち着いてよく見てください。

ここまでの質問で、キミは「達成することを前提に」「具体的な」目標を立てたはずです。目標の「数値化」もしましたし、「期限」も決めましたよね。

つまり、すでにＳＭＡＲＴ《スマート》の５つの要素のうち①②③⑤の４つは揃《そろ》っているのです。

目標達成をイメージして、夢とつながっているか確認《かくにん》しよう

そうすると、あとは④の「関連性のある（夢の実現につながる）」ですが、これはちょっと注意が必要です。

そもそも目標とは「夢への道のりの中で『まずはここまで』という行き先」のことでした。だから、理屈《りくつ》の上では④も当然満たしているはずですよね。

でも、実際は「具体的に」「数値化して」「達成可能で」「期限を決めて」といろいろ考えて目標を決めていくうちに、夢と目標がずれていってしまうことがあるのです。

ですから、ここでいったん確認《かくにん》しておきましょう。

目標を達成したときに自分がどんな状態になっているか、想像してみるのです。「どんな場所で」「どんな人たちと」「なにをしているか」「どんな気持ちか」など、なるべく具体的に想像してみてください。

その状態は、今よりたしかに夢に近づいているでしょうか？

ここがずれていると仮に目標が達成できても意味がなくなってしまいますので、十分に確認《かくにん》しておきましょう。

それに、私たちの脳は思《おも》い描《えが》いていることを実現しようと働く性質がありますから、このように目標を達成した状態を具体的にイメージしておくと、それだけ実現する可能性が高まります。

そういう意味でも、ぜひ存分にイメージを広げてみてください。

質問6

目標達成のためになにを記録する？

キミの答え

私は目標達成に向けて

の記録を取ります！

目標達成のために取り組むべきことを考えよう

目標を決めたとしても、そのためになにもしなければ達成できないですよね。

例えば野球で打率を上げたいなら、バッティング練習や素振《すぶ》りをする。

英語の成績を上げたいなら、単語を覚えたり、問題集を解いたりする。

そんなふうに、目標を達成するために取り組むべきことがあるはずです。

キミの場合なら、なにに取り組むべきでしょうか？

まずは思いつく限り列挙してしましょう。できれば毎日少しずつでも取り組めることがいいですね。

そして列挙したら、その中から目標達成のためにもっとも必要な上位３つを選びます。

多くのことをやろうとしても、結局はできないですからね。できないことを決めても意味がありませんし、毎日「今日も決めたことができなかった」ということが続くと、だんだん自信ややる気がなくなっていってしまいます。

だから３つ程度がちょうどいいのです。

もちろんこれは目安ですので、3つでは多すぎると思えば1つや2つでもいいですし、できる自信があるなら4つや5つでも構いません。「ちょっとがんばれば毎日できるかな」と思えるレベルで決めてみましょう。

記録を取ることで、努力や成長が目に見えるようになる

そしてなにに取り組むかが決まったら、ぜひ、その記録を取るようにしてください。

例えばバッティング練習なら、その回数やヒットの数。

問題集なら、解いた数や正答数。

ここでも数値化が大切です。

私がメンタルサポートをした中高生対象のゴルフスクールでは、グリップにセンサーがついたゴルフクラブを使って記録を取っていました。ボールを打つと、センサーがスイング軌道《きどう》やインパクト時のフェース角、ヘッドスピードなどを検知し、そのデータがスマホやタブレット端末《たんまつ》に送られ、専用アプリで記録できるのです。ハイテクですね。

そこまでできれば理想ですが、もちろん、そんな立派な装置を使わなくても構いませ

ん。ノートに手書きで十分ですので、記録を取りましょう。

なぜ記録を取るのが大切かというと、「自分はこれだけやった」という努力の証《あかし》や、「以前に比べてこれだけ数字が伸《の》びた」という成長の度合いが、目に見えるようになるからです。これが自信ややる気につながります。

もちろん私も、記録を取っています。毎日配信しているメールマガジンで、題名の横に本数を書いているのです。ちなみに、２０２４年10月１日の時点で６４１４本目でした。

毎日書くたびに「1」ずつ本数が増えていきますから、ある意味、毎日が自己記録更《こう》新《しん》です。仕事をしていると毎日配信するのは意外と大変なのですが、これがモチベーションになって配信が続いています。

質問7

今月はどれくらいのスコアを目指す？

キミの答え

私は今月

のスコアを目指します！

目標から逆算すれば、目指すべきスコアも決まる

前の質問で、目標達成のために取り組むべきことを決めましたね。そして、その記録を取るようにしました。

そうしたら、ぜひ、今月目指すべきスコアも決めておきましょう。

例えばバッティング練習に取り組み、そこでヒット性の当たりを打てた本数を記録するなら、「今月はヒット性の当たりを○本打つ」などと決めるのです。

すでに目標とその期限も決めていますから、そこから逆算すれば今月目指すべきスコアも決められますよね。例えば「次の大会で打率3割」という目標なら、それを達成するためには今月のバッティング練習でヒット性の当たりをどれくらい打てるようになればいいのかも自然と決まってくるはずです。これも、数値化の効果です。

「3学期の英語の期末テストで90点以上」という目標で問題集に取り組むなら、「今月は正答率○%を目指す」といった感じですね。

そして、今月目指すべきスコアが決まったら、できればそこからさらに細かく「今週目指すべきスコア」「今日目指すべきスコア」まで落としこんでいくと理想的です。

どこまで細かく落としこめるかはその人次第《しだい》、取り組むこと次第《しだい》という部分もありますが、できる限り細かい単位までスコアを決めておくことをオススメします。

スコアを決めることで、いろんな効果が得られる

なぜこのようにスコアを決めると良いのかというと、ひとつは目指すべきスコアが具体的になることで「よし、やってやろう」とやる気になるからです。スコアを決めることで、脳がそれを意識し、スイッチが入るのですね。

また、決めたスコアを着実にクリアしていければ、それは自信につながります。

逆に、決めたスコアがクリアできなかった場合もメリットがあります。それによって、なにかしらやり方を改善すべきだということがわかるからです。そうしたことに早めに気づけるのも、なるべく細かい単位でスコアを決めておくことの効果ですね。

ですから、キミもぜひ、目指すべきスコアを決めましょう。

スコアを決めて、地道に取り組んでいくことで、最初は遠くに感じていた目標も徐々《じょじょ》に近づいてきます。

結局、成功者というのは夢や目標に向けて必要なことを積み上げてきた人なのです。

野球選手のイチローさんは、かつてこのように言っていました。

「目標は次のヒットです」

あれだけ才能のあるイチローさんでも、「次のヒットを、そしてまた次のヒットを」と地道にヒットを積み上げげて、前人未到《ぜんじんみとう》の境地にたどり着いたのですね。

質問8

いつ、どこでする？

キミの答え

私は、決めたことを

の時間に

の場所で

取り組みます！

行動プランを書きとめる効果は実証済み

目標達成のための取り組みについて、とても興味深い実験が行われたことがあります。

トレーニングジムで3つのグループに「週2回のエクササイズを3ヶ月行う」という取り組みにチャレンジしてもらい、その際に次のことを課したのです。

①進捗《しんちょく》管理を行う（エクササイズした日の記録を取る）
②動機づけを行う（エクササイズはダイエット効果が高いということをデータで示す）
③行動プランを書きとめる（いつ、どこでエクササイズを行うのか予定を事前に決めて書きとめておく）

このとき、グループ1には①進捗《しんちょく》管理のみを課したところ、週2回3ヶ月のエクササイズを続けられた人の割合は40％以下でした。

グループ2には①進捗《しんちょく》管理と②動機づけを課した結果、続けられた人は35％以下でした。

そして、グループ3には①進捗《しんちょく》管理、②動機づけ、③行動プランの書きとめをすべて課したところ、続けられた人はなんと90％超《ご》えになったのです。

これは、取り組みを成功させるために、行動プランを書きとめることがいかに効果的かということを示しています。

「いつ」「どこで」を決めて書きとめよう

ですから、キミもこの実験のように①進捗《しんちょく》管理、②動機づけ、③行動プランの書きとめのすべてを行いましょう。

せっかく目標達成のためになにに取り組むかを決めても、それを実践《じっせん》できなければ意味がありませんからね。成功率を上げるために、できることはやるべきです。

ここで、①進捗《しんちょく》管理については「記録を取る」ということですから、ここまでの質問ですでにやってもらいました。

②動機づけについても「その取り組みが目標達成に効果があることを数字で把握《はあく》する」ということですから、もうやってもらいましたよね。

残るは、③行動プランの書きとめです。やると決めた取り組みについて「いつ」「どこで」行うのかをスケジュール帳などに予定として書き入れましょう。

例えば、「英語の問題集を10問解く」という取り組みなら「16時から」「図書館で」といった具合です。

「予定を決めておきさえすれば、わざわざ書かなくてもいいのでは？」と思うかもしれませんが、アメリカの大学では「実行することを書きとめた人は、書きとめなかった人と比べて目標達成率が１・５倍だった」という研究結果も出ています。他にも、いくつかの海外の大学で「手書きには脳を活性化させる効果がある」という研究結果も発表されています。だから、この本でもわざわざ記入欄《きにゅうらん》を設けているのです。

ぜひ、実際に予定を書いてみてください。

質問9

「しなければいけない」と思っていることはなに？

キミの答え

私が「しなければいけない」と思っていることは

です。

「努力はウソをつかない」とは限らない

その昔「努力はウソをつかない」なんていうスポーツブランドのテレビＣＭがありました。

とても魅力的《みりょくてき》なキャッチコピーですが、では本当に、努力をすれば必ず成功できるのでしょうか？

そう問われると、「そうとは言い切れない気がする……」という人も多いと思います。

その通りなんですね。

実は努力をしても成功するとは限らないのです。どれだけ努力しても、報《むく》われないことはあります。

では、どんな努力が報《むく》われないのか？

私が中高生のメンタルトレーニング指導の場面で一番気にかけているのが、生徒たちの表情です。

夢に向かってワクワクした表情をしていればいいのですが、中には「勝たなければいけない」「優勝しなければいけない」「良い成績を取らなければいけない」「合格しなければばいけない」と言いながら悲壮感漂《ひそうかんただよ》う表情の生徒がいたりします。

そういう生徒がいたら、要注意。

報《むく》われない努力をしている可能性が高いです。

「しなければいけない」はとても危険

なぜ彼《かれ》らの努力が報《むく》われないのかというと、「しなければいけない」という義務感で努力しているからです。

これは脳にとっては非常に不快な状態です。それが表情にも悲壮感《ひそうかん》として表れてしまっているんですね。

なので、脳は防衛本能に従って、そういう努力をなるべく避《さ》けようとします。結果、集中できず、効率も上がらない。だから、がんばっても報《むく》われないのです。

こんなことを続けていては目標達成どころか、最悪の場合、燃えつき症候群《しょうこうぐん》やうつ病になってしまうかもしれません。

ですから、今回の「『しなければいけない』と思っていることはなに?」という質問への答えは、「私が『しなければいけない』と思っていることは、ありません！」というのが理想です。

でも、もし「しなければいけない」と思っていることがあったとしたら……そして鏡で自分の顔を見たとき、とてもつらそうな表情をしていたら……急いで、対策を講じなければなりません。

その具体的な方法については次の質問で説明していきますが、まずはそれに気づくことが大切です。

目標に向けて取り組むことを決めたのに、なぜだか捗《はかど》らないと感じたときは、ぜひ「しなければいけない」と思っていることがないか、自分に問いかけて確認《かくにん》してみてください。

質問10

どのように楽しんでみる？

キミの答え

私は

ができたら、ごほうびとして

をして楽しみます！

「報《むく》われる努力」とは「楽しい努力」

前の質問では「報《むく》われない努力」について説明しました。それでは逆に、「報《むく》われる努力」とはどんなものでしょうか？

報《むく》われない努力は、脳が不快だと感じるから報《むく》われないのでした。ということは、脳が快く感じる努力なら報《むく》われるはずです。

例えばゲームをやったりYouTube《ユーチューブ》を見ているときを思いだしてください。楽しくてぜんぜん苦になりませんし、時間を忘れて集中してしまいますよね。勉強や練習にもそんなふうに取り組めたら、ぜったい成果が上がると思いませんか？

つまり、「報《むく》われる努力」とは「苦にならない、楽しい努力」のことなのです。

その効果を体現しているのが、元メジャーリーガーにして現・北海道日本ハムファイターズ監督《かんとく》の新庄剛志《しんじょうたかし》さんでしょう。

新庄《しんじょう》さんはとにかく楽しいことが大好きで、現役《げんえき》選手時代から、ド派手なパフォーマンスで周りを湧《わ》かせていました。ドーム球場の天井《てんじょう》からゴンドラで登場したり、試合前に戦隊ヒーローの衣装《いしょう》で練習したり……「楽しいと思えたら、なんでもできる」

と話す新庄《しんじょう》さんですが、もちろん単なる派手好きではありません。実は裏では地道な努力を積み重ねてきた人なのです。

そのことを、新庄《しんじょう》さんはこう話しています。

「野球が楽しかったから、誰《だれ》よりも練習してた。周りが110kgのバーベルでヒーヒー言ってたら、自分は135kgのバーベルを上げる。試合後の練習も人の4倍やった」

人の何倍もの努力を「楽しんでいた」からこそ、一流の選手になれたのですね。

「ごほうび作戦」で楽しもう

とはいえ、いくら夢を叶《かな》えるため、目標を達成するために自分で決めたことだとしても、どんな取り組みでも楽しめるとは限りませんよね。特に最初のうちは、やり慣れていないこともあって、なかなか楽しめないことも多いと思います。

そんなときは、「ごほうび作戦」が有効です。

例えば「素振《すぶ》りを500回やったら、大好きなお菓子《かし》を食べていい」「問題集を10問解いたら、1時間YouTube《ユーチューブ》を見てもいい」というように、事前に決めておいた条件をクリアできたら、自分にごほうびをあげるのです。ごほうびは自分が好きなもの、楽しいものであれば、なんでも構いません。

「条件をクリアしたらごほうびゲット」なんて、なんだかゲームみたいで楽しくないですか？

実はこのようにゲームの要素を取り入れることで目標達成のモチベーションを高める手法は「ゲーミフィケーション」と呼ばれていて、その効果が認められているんです。それに幸い、ここまでの質問で毎日の取り組みを記録したり、今月目指すスコアを決めたりしているはずですから、ごほうびを得られる条件も設定しやすいですよね。

ぜひ、キミも試《ため》してみてください。

第4章

夢を阻《はば》む壁《かべ》を乗りこえるための10の質問

質問1

どうやって習慣化する？

キミの答え

私は

をしたら、すぐ

をします！

やると決めたことができないのは脳のせい

夢の実現に向けて、新しいことを始めようとしたとき、まず突《つ》き当《あ》たるのが「やると決めたのに、なかなかできない」という壁《かべ》です。

「夕食後にトレーニングしようと思っていたのに、寝《ね》てしまった」

「帰宅したら宿題をすると決めたはずなのに、結局YouTube《ユーチューブ》を見てしまった」

そんなことはないですか？

やると決めたことを、なかなかできない……それはキミの気合いが足りないせいでも、意思の力が弱いせいでもありません。実は、脳の反応がそうさせているだけなんです。

「新しいことを始める」というのは、変化ですよね。実は変化は、それが前向きなものだったとしても、人間にとってはストレスなんです。

そしてストレスがかかると、それに対処するために、脳は余計なエネルギーを消費しなくてはなりません。なので脳は、基本的に変化を嫌《きら》います。一種の防衛本能なのです。

スマホが習慣化しやすい理由

では、どうすればいいのか？

「もっと気合いを入れよう」「意思を強く持とう」などと考えてはいけません。それでは、脳がさらにエネルギーを必要としてしまいますよね。そうすると、最初の何回かはできても、脳が「不快である」と学習してしまい、結局続かなくなってしまいます。

新しいことを習慣化するヒントは、スマホにあります。

ちょっと暇《ひま》になるとすぐスマホを見てしまう人、最近は多いですよね。

なぜスマホが習慣化しやすいかというと、「すぐできる」からです。

スマホを見るのに、あれこれ考えたり気合いを入れたりする必要はありませんよね。なにも考えずに、すぐ見られます。だから、脳に負担がかかりません。

そして、「スマホを見ようと思った結果、ちゃんとできた」というのは成功体験ですから、小さくても達成感があり、脳はそれを快いものだと感じます。これを繰《く》り返《かえ》すことで、脳のプラス反応がどんどん強化されていって、「特に用事がなくても、ついスマホを見てしまう」という習慣が身についてしまうのです。一種の中毒ですね。

スマホ中毒になってしまうのは問題ですが、このやり方を応用すれば、どんなことでも習慣化できます。

確実にできることを、すぐやろう

つまり、習慣化のコツは２つ。「（なにも考えずに）すぐやる」ことと、「（やろうと思ったら）確実にできる」ことです。

例えば受験生をサポートしたときには、普段《ふだん》から参考書や問題集を持ち歩き、ちょっと時間があれば、すぐに開いて見てもらうようにしました。見るだけなら、なにも考えずにすぐできますよね。

そして、それに慣れてきたら問題を「1問だけ」解いてもらうようにしました。「確実にできる」ことが大切ですから、まずは1問だけでいいのです。

これを繰《く》り返《かえ》すと、最初は1問だけしか解けなかったのが、そのうち「もう1問解けそう」「あと1問解いてみよう」と、どんどん問題数を増やしていけます。

この結果、彼《かれ》はみごとに勉強を習慣化でき、第一志望の大学に合格できました。

また、高校野球部のサポートでは、ある選手に「帰宅したらまずバットを持って素振《すぶ》りを10回してから家に入る」ということをやってもらったことがあります。10回なら、部活の練習で遅《おそ》くなっても、疲《つか》れていてもできますよね。

そして慣れてきたら、回数を増やしたり、腕立《うでた》て伏《ふ》せやスクワットなどメニューを増やしていきます。この結果、この選手は甲子園《こうしえん》でも大活躍《だいかつやく》してくれました。

この選手のように、「帰宅したら」「朝起きたら」「歯を磨《みが》いたら」などと毎日の生活習慣とセットにしてしまうのも、「なにも考えずにすぐやる」ためのひとつの方法です。これなら、いつやろうか迷う必要がなくなりますよね。

習慣化するのに、気合いや意思は必要ありません。毎日の生活習慣と結びつけて、確実にできることからすぐ始めてみましょう。

質問2

やりたくないことに新しい名前をつけるとしたら？

キミの答え

私は

のことを

と呼びます！

脳は言葉と感情を結びつけて記憶《きおく》している

夢を叶《かな》えるためなら、どんな大変なことでも楽しめる！

そう思えれば無敵ですが、なかなか最初からそうは思えないこともありますよね。

勉強にしても練習にしても、「やればいいのはわかっているけど、本当はやりたくない」と思ってしまうこと、よくあると思います。

そんなとき、前の質問で解説したように、とりあえず習慣化してしまうのもひとつの方法です。「やっているうちに楽しくなってくる」ということもありますからね。

ただ、やっぱり「楽しいと思えない」ということもあるはずです。

なぜなら、脳は言葉と感情を結びつけて記憶《きおく》しているからです。

例えば、「勉強」という言葉にはどういうイメージがあるでしょうか？　「面白《おもしろ》くない」「難しい」「面倒《めんどう》だ」といった感情が思い起こされる人は少なくないと思います。

「練習」という言葉にも、「きつい」「つらい」「大変だ」といったネガティブなイメージがありますね。

そういうマイナス感情が結びついているから、「勉強」「練習」という言葉を聞いただけで無意識にマイナス思考に陥《おちい》って「やりたくないな」と思ってしまうのです。

プラス思考になれるような呼び方に変えちゃおう！

ではどうすればいいのかというと、「言葉と感情が結びついている」という脳の性質を、逆に利用してしまいましょう。

つまり、マイナス感情が結びついている言葉を、プラス感情が結びついている言葉に言いかえてしまうのです。

これまで私がサポートしてきた人の例だと、「練習」を「ビクトリー」、「勉強」を「ワクワクワーク」などと表現することがありました。

もちろんこれに限らず、プラス思考になれるような呼び方であれば、なんでもＯＫ《オーケー》です。「冒険《ぼうけん》」や「遊び」、「向上」や「成長」をイメージさせる言葉だといいかもしれません。

考えてみると、私たちの身の回りには、言葉を変えることでイメージが変わる例はたくさんありますね。「お菓子《かし》」を「スイーツ」、「脇役《わきやく》」を「バイプレーヤー」、「着ぐるみ役者」を「スーツアクター」などなど……呼び方が変わるだけで、ずいぶん印象が変わります。

ぜひキミも苦手なことを、楽しそうで、やってみたくなるような言葉に変えてしまいましょう！

質問3

どうしてできちゃったんだろう？

キミの答え

どうして私ができちゃったのかというと

だからです！

「できなかった原因」を考えてはいけない

夢を叶《かな》えるために「こうする」「これをやる」と決めていた通りにできなかった。

そんなとき、つい自分にこう問いかけてしまう人がいます。

「やると決めたのに、どうしてできなかったのだろう」

「なぜあんな失敗をしてしまったんだろう」

できなかった原因を探して反省しようとするのは、一見立派な心がけですよね。

でも実は、これは良くないんです。

なぜなら、脳は問いかけた通りに答えてくるから。

だから、「どうしてできなかったのか?」と問えば、脳は一生懸命《いっしょうけんめい》「できない理由」を探してしまいます。つまり、自分のマイナス面ばかりに注目してしまうわけです。

その結果、「私はなんてダメな人間だろう」と自分を責めるようになってしまえば、どんどん自信をなくしてしまいます。

そしてついには、本当ならできるはずのことですら「ダメな自分にできるだろうか」と緊張《きんちょう》して失敗してしまう……こんな負のループに入ってしまったら、夢を叶《かな》えるどころではなくなってしまいます。

「できちゃった状態」で考えてみよう

ですから、どうせ自分に問いかけるのであれば、プラス思考の問いかけをしましょう。

「どうしたらもっと成績が上がるのか？」

「どうしたら勝てるようになるのか？」

こんな問いかけでもいいのですが、こうした問いかけの裏には「今の成績は良くない」「今は勝てない」というネガティブな気持ちが隠《かく》れていることがあるので、人によってはやはりマイナス思考に陥《おちい》ってしまうかもしれません。

そこで、まずは「できちゃった状態」をイメージしてみましょう。実際にはできていないことでも、仮にできちゃった状態を想像してみるのです。

そして、「できちゃった自分」の立場から、自分にこう問いかけます。

「どうして成績が上がったんだろう？」

「どうして勝てるようになったんだろう?」

このように「どうして○○できちゃったのだろう?」と問いかけることで、脳は一《いっ》生懸命《しょうけんめい》「できる理由」を探してくれます。なにしろ「できちゃった状態」で考えるわけですから、自分のプラス面に注目してくれます。

そうすると、前向きな解決方法が見つかるのです。ぜひ、試《ため》してみてください。

質問4

予定外のことが起きたらどうする？

キミの答え

私は

を想定して、そうなったら

します！

奇跡《きせき》の大逆転劇が起きた理由

私がサポートしている、ある高校野球部の話です。

夏の甲子園《こうしえん》をかけた県大会決勝戦で、8回が終わって0対8という大きなビハインドを背負ってしまったことがあります。

球場にいる誰《だれ》もが、「これで結果は決まったな」と思ったことでしょう。

ところが、そんな状況《じょうきょう》でも、選手たちは笑顔《えがお》で楽しそうにプレーしているのです。

なぜでしょうか？　もともと勝つ気がなかったから？

いいえ、そうではありません。もちろん、彼《かれ》らは甲子園《こうしえん》出場を目指していました。

それなのになぜ負けていても笑顔《えがお》だったかというと、事前にそう決めていたからです。

実は、彼《かれ》らには大会前のメンタルトレーニング講習で「決勝戦の相手は？」「どんな試合展開になる？」と話し合いをしてもらっていました。

決勝戦ですから、どの学校と当たるにしても、相手は当然強いでしょう。もちろん勝つことを目標に、これまで十分な練習を積んできたわけですが、それでも簡単に勝たせてくれるとは限りません。

つまり、リードされる可能性は事前に想定済みだったのです。

その上で、「リードされたからといって焦《あせ》っては、調子を崩《くず》してしまう。笑顔《えがお》でプレーして、普段《ふだん》通りの実力を発揮しよう！」と決めていました。

結果、このチームはなんと9回に9点を取って、9対8で逆転サヨナラ勝ち。みごと甲子園《こうしえん》出場を果たしました。今でも、奇跡《きせき》の大逆転劇として語《かた》り継《つ》がれています。

備えあれば憂《うれ》いなし

この県大会決勝戦のように「自分にはなにも不備はないのに、思い通りにならない状況《じょうきょう》」というのは、必ず起こります。夢に向けてどんなに綿密な計画を立てていても、常に計画通りに順調に進んでいくことなどありえません。

例えば「帰宅したら勉強（あるいは練習）する」と決めていたのに、突然《とつぜん》、家族から用事を頼《たの》まれて予定が狂《くる》ってしまう、などということはよくあるでしょう。

そんなとき、どうするか？

そのたびごとにペースを崩《くず》されてしまっていては、なかなか夢に近づけません。

だから、事前に想定しておく。

もちろん私たちは神様ではありませんから、具体的に将来どんなことが起きるのか、完全な未来予知はできませんが、「なにかしらあるかもしれない」と想定しておくことはできますよね。

そして、そんなときにどんな対応をするのかを決めておくこともできます。

そうすれば、奇跡《きせき》の大逆転を果たした彼《かれ》らのように、実際にそのような場面に出くわしたときにも、落ち着いて対処することができますよね。

「備えあれば憂《うれ》いなし」という言葉もあります。

キミならどんなことを想定して、それにどう対処しますか？

質問5

スランプに陥《おちい》ったとき、なんて言う？

キミの答え

私は調子が出ないとき、

と言って気持ちを切りかえます！

「最悪」と口にしてしまうのは最悪

私たちは人間ですから、調子が良いときもあれば、悪いときもあります。普段《ふだん》の練習ではきちんとできていたのに、試合でミスを連発してしまった。毎日ちゃんと勉強していたのに、テストで問題がぜんぜん解けない。そんなふうに、なぜか調子が出ないときもありますよね。いわゆるスランプです。

そんなとき、一番良くないのが「なんで」「もう最悪」「やってられない」などと口にしてしまうこと。

そう言いたくなる気持ちはわかるのですが、これは悪循環《あくじゅんかん》への入り口です。なぜなら脳は出力することによって、記憶《きおく》や感情を強化してしまうから。

例えばなにかを暗記するとき、ただ見て覚える（＝入力する）より、紙に書いたり、実際に口にする（＝出力する）と、記憶《きおく》に残りやすいですよね。このように、脳には入力されたものを出力することで強化する性質があるのです。

だから「最悪！」と口にしてしまうと、最悪な気持ちが強化されてしまう。その結果、どんどん調子を崩《くず》してしまい、いっそうスランプから抜《ぬ》けだせなくなってしまうのです。

前向きなセリフで気持ちを切りかえよう

では、どうすればいいのか？

高校の部活動でのメンタルトレーニングで、選手たちに「調子がいいときと調子が悪いとき」はなにが違《ちが》うのかについて考えてもらったことがあります。

そこで、面白《おもしろ》い回答が出ました。

「熱があって体調が最悪なのに、逆に気持ちが入って調子が良かったときがある」

「アクシデントで急遽《きゅうきょ》出番が来たとき、ぜんぜん準備ができていなかったけど『よし、オレがやる！』という気持ちでプレーしたら良かった」

そんな選手がいたのです。これがヒントになります。

つまり、一見最悪な状況《じょうきょう》に置かれたとしても、前向きなセリフを口にすることで気持ちが切りかわり、かえって良い結果を出せることがある、ということ。脳の「出力することで強化する」という性質を逆に利用するわけです。

夢を追いかけていれば、スランプに陥《おちい》る時期は誰《だれ》にでも訪《おとず》れます。

そんなとき、キミなら、どんな言葉で気持ちを切りかえますか？

「さぁ、ここからだ」「面白《おもしろ》くなってきたぞ」「そうきたか」など、自分を鼓舞《こぶ》できるセリフを考えてみましょう。

あるいは言葉ではなく、笑顔《えがお》を作ったり、ガッツポーズをするなど、表情や動作で表現するのも良い出力方法です。

明けない夜がないように、脱出《だっしゅつ》できないスランプもありません。気持ちを切らさなければ、出口はきっと見つかります。

質問6

イライラしてしまったときはどうする？

キミの答え

私はイライラしたとき、息を吐《は》きながら

と言います！

一生懸命《いっしょうけんめい》だからこそイラッとしてしまう

今から勉強しようと思っていたのに、家族から「まだやっていないの？」と言われた。

ちゃんと練習しているのに、先生から「ぜんぜんダメだ」と言われてしまった。

試合で審判《しんぱん》のジャッジがおかしいと感じた。

夢に向かって一生懸命《いっしょうけんめい》に取り組んでいればいるほど、ちょっとしたことでイラッとしてしまうことがあると思います。

気にしないですぐに気持ちを切りかえられればいいのですが、なかなかそうできないときもありますよね。

私がサポートしている高校の野球部の試合でも、エースが大崩れして大量点を与《あた》えてしまったことがありました。

「落ち着いて投げればいいのに」なんて思いながら見ていましたが、試合後このエースに聞くと「審判《しんぱん》になかなかストライクを取ってもらえなくて、『ボール』とコールされるたびに『マジか』と思ってだんだんイライラしてきて、集中できなくなってしまいました」と言っていました。

イライラが募《つの》って、自分でもどうしていいのかわからない状態になってしまったんですね。

まずは呼吸を整えよう

そこでこのエースには、まず呼吸の整え方を教えました。

なぜなら人間はイライラすると、呼吸が乱れるからです。だから呼吸が乱れたままでは、どんどんイライラが募《つの》ってしまいます。そこで呼吸を整えて、心を落ち着かせるわけです。

前の質問の説明で「脳は（言葉や動作を）出力することで感情を強化する」と説明しましたよね。これも、その性質の応用です。呼吸も出力のひとつですからね。

具体的には、次のようにして呼吸を整えます。

①まず口からゆっくり長く息を吐《は》きます。
②次に軽く息を吸います。このとき口から吸うと、口が乾《かわ》いて緊張《きんちょう》状態を作ってしまうので、鼻から息を吸いましょう。

これを3回程度、状態によってはもう数回繰《く》り返《かえ》します。

よく「深呼吸して落ち着こう」と言われることがありますが、深呼吸は大きく息を吸うところから始める人が多いですよね。それだと逆効果になりやすいので、必ず息を吐《は》くことからスタートしてください。

リラックスできるセリフをつぶやけば、さらに効果的

そして呼吸が整えながら、心を落ち着かせる言葉をつぶやくと、さらに効果的です。

これもスランプに陥《おちい》ったときの「脳は出力することで強化する」性質の応用ですが、ここでは心を落ち着かせることが目的ですから、自分を鼓舞《こぶ》するセリフではなく、リ

ラックスできるセリフにすることがポイントになります。

例えば、「いい感じだ」「あぁ気持ちいい」といった感じですね。

できれば姿勢も楽にして、視線も遠くに向けましょう。目を閉じるといいですね。

大崩れした例のエースには「バッターや審判《しんぱん》から視線を外して、バックスクリーンを見よう」とアドバイスしました。イライラの原因であるバッターや審判《しんぱん》を見つめたままだと、なかなか心が落ち着きませんからね。

このようにルーティーンを決めておくと、イラッとしたときに一瞬《いっしゅん》で落ち着けるようになります。

人間なら誰《だれ》だって、イラッとすることはあります。それは仕方のないことですが、他人のせいで調子を崩《くず》されるのは、とてももったいない話ですよね。ですから、こうした「自分の心を守るテクニック」を身につけておくことも、夢を叶《かな》えるためには必要なのです。

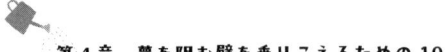

質問 7

どうやって集中を取りもどす？

キミの答え

私は集中を取りもどすために

に視点を定めます！

集中力は続かなくて当たり前

集中力は、夢を叶《かな》えるための大きな武器となります。

集中して取り組むことで、自分の限界を超《こ》えられるからです。

実際、夢を叶《かな》える人は、必ずなにかを夢中でやった経験を持っています。

とはいえ、集中力が切れてしまって、どうしても集中できないときはありますよね。

これって実は、仕方のないことなのです。

なぜなら、集中しているときには脳がものすごい勢いで情報を処理しなければならず、とてもエネルギーを消費するからです。

つまり、そんなに長時間はエネルギーがもたない。人間が集中できるのはせいぜい15分~90分程度と言われています。

なので、集中力が途切《とぎ》れてしまったときの根本的な対策は、「いったん休憩《きゅうけい》を挟《はさ》む」ということです。個人差はありますが、だいたい10分前後の休憩《きゅうけい》を取ることで、集中力が回復すると言われています。

学校だと、だいたい50分くらいの授業をして、10分の休憩《きゅうけい》を挟《はさ》むことが多いですよね。実はあれ、とても理に適《かな》っているんです。

一点を見つめることだけを意識しよう

ただ、そうは言ってもテストや試合の最中など、休憩《きゅうけい》を取れない場合もあります。

そんなときに集中力が切れてしまったら、どうやって集中し直せばいいのでしょうか？

そもそも、「集中できていない状態」というのは、言いかえると「意識の分散」が起きている状態です。

第2章で「脳は2つ以上のことに集中できない」と説明しましたよね。つまり、頭の中で2つ以上のことを考えていたら、集中できていないということになります。

例えばふと「雨が降りだした」「暑いな」などと天気に意識が向いてしまったり、「あのとき、こうしておけば良かったな」「この後、どうしよう」などと過去や未来のことが頭をよぎったりしてしまう感じですね。ときにはつい「あ〜、暑い」などと独り言が漏《も》れてしまうこともあります。

そうなったら、集中力が途切《とぎ》れたサインです。そんなとき、どうすればいいのか？

「雑念を払《はら》おう」と思っても、それは難しいです。なぜなら脳は、なにかについて考えまいとすればするほど、それを意識してしまうからです。

だから、「余計なことは考えまい」と思うのではなく、「今はこれだけを考えよう」と意識する。脳は1つのことしか集中できないという性質を利用するのです。

このとき、意識を向ける対象を、どんどん小さく絞《しぼ》っていくのがコツになります。

例えば野球のピッチャーなら「次の一球に集中しよう」→「ボールの縫《ぬ》い目《め》だけに集中しよう」といった感じに対象を小さくしていきます。

テストなら、「次の一問に集中しよう」→「問題文のキーワードだけに集中しよう」といった感じですね。

そして、小さく絞《しぼ》ったその対象をじっと見つめる。集中しているときって、余計なものが目に入らなくなりますよね。視点を一点に定めて、あえて視野を狭《せば》めることで、あの状態を作るのです。

そうすると、スッと集中できる瞬間《しゅんかん》が訪《おとず》れます。

ぜひ、試《ため》してみてください。

質問8

苦手なあの人を、珍獣《ちんじゅう》に例えると？

キミの答え

私は

さんを

珍獣《ちんじゅう》にします！

苦手だけど関わらなければならない相手がいたら

人間関係が、夢の障害になることがあります。

例えば、部活の顧問《こもん》や先輩《せんぱい》、チームメイトなどなど。

夢を叶《かな》えるためには関わらないといけないけれど、「苦手だ」「嫌《きら》いだ」と感じてしまう相手がいると、どうしてもやる気が出ないですよね。

「顧問《こもん》の先生が苦手なんです」

高校女子運動部の生徒から、そんな相談を受けたことがあります。

先生の口調が強いので、どうしても「怖《こわ》い」と感じてしまい、身体が動きづらくなると言うのです。

これでは、練習どころではありません。夢を叶《かな》えるためには、こんなふうに誰《だれ》かの言動に感情が振《ふ》り回《まわ》されることは避《さ》けたいですね。

でも、相手は先生ですから、関わらないわけにはいきません。試合に出られるかどうかも監督《かんとく》である先生次第《しだい》ということになるわけですから、うまく付き合っていく必要があるわけです。

相手を珍獣《ちんじゅう》だと思えば気にならなくなる

そんな場合、相手を変えることはできなくても、自分の中での相手への感情を変える方法はあります。

それは、その相手をクスッと笑える「珍獣《ちんじゅう》」だと思ってしまうことです。

その彼女《かのじょ》にも、「先生を珍獣《ちんじゅう》だと思ってみようか」と提案しました。

「珍獣《ちんじゅう》ですか？　面白《おもしろ》いですね」

そう、面白《おもしろ》く感じることが大切なんだ。どんな珍獣《ちんじゅう》がいい？

「う〜んと……どんな珍獣《ちんじゅう》だろう……そうだ、『あのなぁ珍獣《ちんじゅう》』（笑）」

それってどんな珍獣《ちんじゅう》なの？

「すぐ、『あのなぁ、お前』って言うので。これを言われると気分が悪くなります」

そうなんだ。じゃあ、その「あのなぁ珍獣《ちんじゅう》」を面白《おもしろ》くするとどうなる？

「声を変えたら面白《おもしろ》いかも。ヘリウムガスを吸ったときの、あの甲高《かんだか》い声で言われたら笑っちゃうかも！」

後日、彼女《かのじょ》は「先生から注意されることがあっても『あのなぁ珍獣《ちんじゅう》がなに言ってるの？』と思えたら、気分が悪くなることがなくなり、試合にも集中できるようになりました」と笑顔《えがお》で話してくれました。

こんなふうに相手のイメージを変えることで、相手に対する感情を変えてしまうわけです。

イヤなことを言われても「珍獣《ちんじゅう》がなにか吠《ほ》えているけど、なにを言っているのかわかんない」「めっちゃ面白《おもしろ》い声なんだけど」と思いながら聞いているフリをすれば、気にならないですよね。

そのうち、「ちょっと可愛《かわい》いね」なんて、愛らしく見えてくるかもしれませんよ。

質問9

今のキミは、他の人からはどう見える？

キミの答え

の立場から今の自分を見ると、

と言うと思います！

他人のせいにしても問題は解決しない

「苦手な先輩《せんぱい》がいるから、部活に行くのがイヤになった」

「グランドを他の部活も使っているので、思ったような練習ができない」

「イヤな人がいるから、塾《じゅく》に行きたくない」

「先生がわかりやすく教えてくれないから、成績が上がらない」

夢になかなか近づけずに気持ちが焦《あせ》ってくると、こんなふうに、うまくいかないことを他人（または環境《かんきょう》や社会）の責任にしたくなりますよね。これを他責思考と言います。

他責思考は、実は自然な考え方です。人間を含《ふく》めて、動物には防衛本能がありますからね。

つまり「自分はがんばっているのに、他人のせいで成果が上がらない（だから、自分は悪くない！）」という防衛本能が働いているのです。防衛本能は、身を守るためには必要不可欠なものですから、決して悪いことではありません。

ただ、防衛本能が強くなりすぎると、夢を叶《かな》える障害になってしまいます。

だって、よく考えてみてください。

うまくいかないことを他人のせいにしてしまったら、問題を克服《こくふく》するためには、その他人を変える（または排除《はいじょ》する）しか方法がありませんよね。現実的には、そんなことは難しいので「だから、しかたないんだ」と夢を諦《あきら》めるほかなくなってしまうのです。

実際、他責思考をしている人に、成功した人はいません。

自分以外の立場から見ることで、防衛本能から自由になろう

ですので、そのような思考になっていたら、いったん自分以外の人の立場から、今の自分の状況《じょうきょう》を見てみるのがオススメです。自分以外の立場になることで「自分は悪くない」という防衛本能から自由になって考えてみるのです。

例えば、あるサッカー部のキャプテンから「チームがバラバラなんです」と相談を受けたことがあります。「みんなチームのことを考えていない」「練習の態度とかもそうですが、勝とうという気持ちが見えない」「どうでもいいと思っていると思います」と言うのです。

そこで「監督《かんとく》が今のキミを見たらなんと言うと思う？」と聞いてみました。

「孤軍奮闘《こぐんふんとう》ではダメだ。独りよがりにならず、みんなを巻きこめ……ですかね」

なるほど。そんなふうに言われたらどう？

「たしかに『自分がやらなきゃ』という気持ちが強いのかもしれません」

そう思うんだね。みんな、キャプテンががんばっているのはわかっているんだよ。自分たちにも悩《なや》みを話してほしいと思っているんじゃないかな。

「本当ですね。そうします！」

このように、自分以外の立場から見てみると、視野が広がり、思わぬ解決方法が見つかることがあります。

このキャプテンの場合は、身近な大人である監督《かんとく》の視点で考えてもらいましたが、まったく関係ない人でもいいですよ。「坂本龍馬《りょうま》から見たら」「大谷翔平《しょうへい》から見たら」という問いかけも面白《おもしろ》いと思います。

自分とは違《ちが》う様々な立場から自分を見ることで、視野を広げてみましょう。

質問10

今日の行動を振《ふ》り返《かえ》ってみると？

キミの答え

「良かったこと」は

です！

「改善すること」は

です！

「対策と決意」は

です！

できるビジネスマンも使っているPDCA（ピーディーシーエー）

PDCA《ピーディーシーエー》って知ってますか？

次の4つの英単語の頭文字《かしらもじ》を取った言葉です。

- Plan《プラン》……目標達成のための行動プランの作成
- Do《ドゥ》……プラン通りに実行
- Check《チェック》……振《ふ》り返《かえ》り
- Action《アクション》……軌道《きどう》修正

叶《かな》えたい夢や達成したい目標があるとき、このPDCA《ピーディーシーエー》を繰《く》り返《かえ》しながら進めると、実現力が飛躍的《ひやくてき》にアップします。できるビジネスマンが、よく使っている手法です。

ここで意外と見落としがちなのがCheck《チェック》、すなわち「振《ふ》り返《かえ》り」の大切さ。

がむしゃらに行動しても、その方向が間違《まちが》っていたら、目標には到達《とうたつ》できませんよね。だから振《ふ》り返《かえ》りを行って、方向が間違《まちが》っていないか確認《かくにん》する必要があるわけです。

「がんばっているのに、なぜか成果が上がらない」という場合は、この振《ふ》り返《かえ》りが足りていない可能性もあります。

「反省」ではなく「振《ふ》り返《かえ》り」をしよう

ここで重要なことを言いますね。

「反省」はしないでください。「振《ふ》り返《かえ》り」をすればいいだけです。

「反省」と「振《ふ》り返《かえ》り」は違《ちが》います。

ちなみに「反省」を辞書で調べると、こう書かれています。

> **自分の行動や言動の良くなかった点を意識し、それを改めようと心がけること。**

つまり、「良くなかった点」に意識を向けるわけです。だから「反省」という言葉には良いイメージがないんですね。

反省をすると感情がネガティブになり、その感情が強く、深く脳に記憶《きおく》されてしまいます。その結果、自信を失わせることにつながってしまうのです。真面目な子が意外と挫折《ざせつ》しやすいのは、実は反省の気持ちが強すぎるからだったりします。

ですから、決して反省はしないでください。

気持ちを切りかえてポジティブに進み続けるために

では、「反省」ではなく「振《ふ》り返《かえ》り」は、どうやればいいのでしょうか？

具体的には、次のように行います。

①まず最初に「良かったこと」から書きます。たとえ、うまくいかなかったことがあったとしても、なにかしらできたこと、得たものは見つかるはずです。
②次に「改善すること」を書きます。「なにを変えたらいいのか」を明確にしましょう。
③最後に「対策と決意」を書きます。「なにをどうするのか」、具体的な行動を決めましょう。

ポイントは、最初に「良かったこと」から書くこと。これによって、脳をポジティブにすることができます。そうすることで、次に改善点を書いても、脳がネガティブになりにくいのです。

振《ふ》り返《かえ》りで大事なのは、「うまくいかなかった」というネガティブな気持ちを忘れて、「次はもっとうまくできるはずだ！」とポジティブな気持ちで次に向かうこと。実は「方向が合っているか確認《かくにん》する」という以上に、この「気持ちの切りかえ」の効果が大きいのです。

夢に向かって歩んでいると、毎日、様々なことが起こります。一本道をスムーズに進んでいけることなど、そうはありません。迷いや悩《なや》み、失敗の連続であることが普通《ふつう》です。

だから反省ではなく、気持ちを切りかえる「振《ふ》り返《かえ》り」が必要なんです。それが途《と》中《ちゅう》で挫折《ざせつ》しないためのコツなのです。

できれば毎日この「振《ふ》り返《かえ》り」を行って、気持ちの切りかえを行っていきましょう。

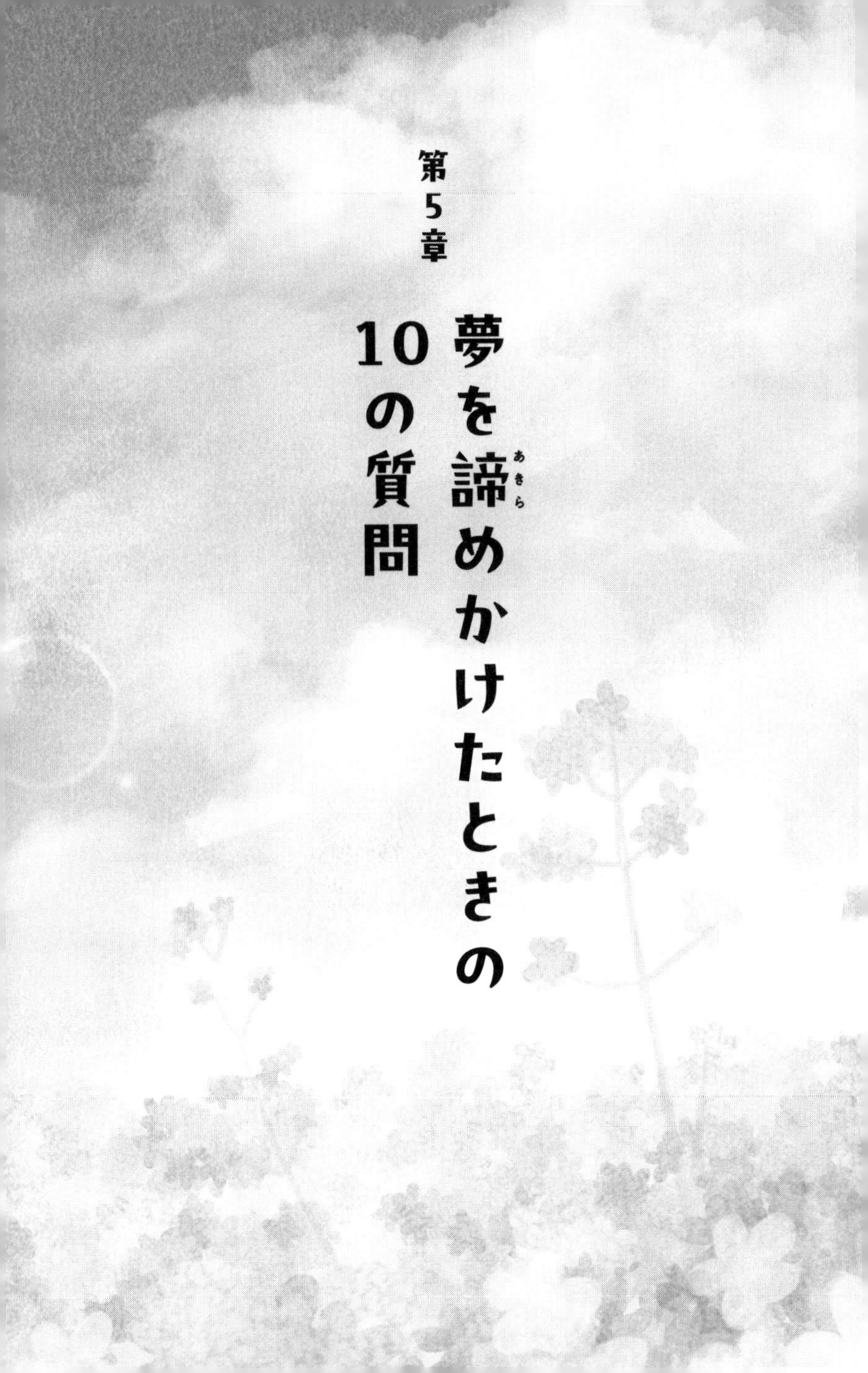

第5章

夢を諦《あきら》めかけたときの10の質問

質問1

夢を見つけたとき、どんな気持ちだった？

キミの答え

私は夢を見つけたとき

と感じました！

人間にもメンテナンスが必要

夢への道は長旅です。

ときには途中《とちゅう》で情熱が薄《うす》れてしまうこともあるでしょう。

特に思い通りの結果が得られず苦労しているときなど、「なんで自分はこんなに苦労してまでがんばっているんだっけ？」と疑問が頭をよぎるかもしれません。

いっそのこと、何もかもすべて投げだしたら楽になれるのに……そんな誘惑《ゆうわく》に駆《か》られたとき、どうすればいいのでしょうか？

「そんなときは、休んでもいいよ」と言ったら驚《おどろ》くでしょうか。

でも、夢への長い旅路をずっと全力疾走《しっそう》できる人など、そうはいません。最後まで走りきるためには、ときどき小休止を挟《はさ》んでもいいのです。

スケジュールが許すなら、丸一日なにもしないで身体と頭を休めてもいいでしょう。

あるいは、普段我慢《ふだんがまん》していたことを思いっきりやってみてもいいかもしれません。

機械だって休みなしにずっと動かし続けたら、すぐに壊《こわ》れてしまいます。故障を防ぐためには、ときどき電源を落とし、適切なメンテナンスをすることが大切です。

人間ならなおさら、メンテナンスが必要なのです。

現実のせいで忘れかけていたシンプルな気持ちを思いだそう

ただし、そのメンテナンスの仕上げとして、やってもらいたいことがあります。

それは、夢を抱《いだ》いた当初の気持ちを思いだしてみることです。

この本でも、第1章で夢を見つけるためにいろいろと考えてもらいましたよね。そのとき、どんな気持ちになったでしょうか?

その気持ちは、今もキミの中に残っているでしょうか?

別に難しく考える必要はありませんよ。シンプルな気持ちでいいんです。

以前、TV番組ですごい子どもの話題を取り上げていました。なんと小学1年生にして数学検定2級（高校2年生レベル）に合格したというのです。しかも将来の夢は「数学者になって新しい数学を発見したい」ということだそうで、いやはや、桁違《けたちが》いの天才というのはいるものです。

でも、そんな天才児でもインタビューで「数学のどんなところが好き?」と尋《たず》ねられると、「解けたときが楽しい」と笑顔《えがお》で答えていました。

そうなんです。どんなすごい夢でも、その源泉となっているのは単純な感情なんですね。むしろ単純だからこそ、いつまでも心に残り、夢を叶《かな》えるエネルギーになるんです。

キミの心の中にも、そういった気持ちがまだ残っているはずです。それに気づければ、大丈夫《だいじょうぶ》。また明日から、夢に向かって進みだせます。

質問2

不安で焦《あせ》りが止まらないとき、どうする？

キミの答え

私は、恐《おそ》れや不安を克服《こくふく》するために、寝《ね》る前に

のイメージトレーニングを行います！

強すぎる不安は自分を壊《こわ》す

夢に向かって進んでいると、ふと恐《おそ》れや不安に襲《おそ》われることがあります。

特に大きな大会や大事なテストの前には、「ミスしてしまったらどうしよう」「結果が出なかったらどうしよう」などと考えてしまう人は多いのではないでしょうか？

こうした恐《おそ》れや不安は、必ずしも悪いものではありません。恐《おそ》れや不安があるからこそ、それを克服《こくふく》しようとして勉強や練習に身が入るという面もありますからね。

でも、恐《おそ》れや不安があまりに強くなりすぎると、問題が発生することもあります。

スピードスケートの髙木菜那《なな》さんのサポートをしていたときに、菜那《なな》さんが右膝《みぎひざ》を痛めてしまい、練習もまともにできない事態になったことがありました。

こういう場合、当然、まずは休んで右膝《みぎひざ》の回復を最優先にするべきですよね。

でも、ちょうどオリンピック選考会を兼《か》ねた日本選手権が近づいている時期だったので、菜那《なな》さんもそうとう不安だったのでしょう。痛みを我慢《がまん》して練習しては、さらに右膝《みぎひざ》の状態を悪化させるという悪循環《あくじゅんかん》に陥《おちい》ってしまったのです。

私も菜那《なな》さんに「選考会で勝てればいいんだから、今は休んだほうがいいと思うよ」

と伝えたのですが、菜那《なな》さんは「だから（選考会で勝つために）練習しないと。休んでいる場合じゃない」と、頑《がん》として聞き入れてくれませんでした。

「なにもしないストレス」にはイメージトレーニングで対抗《たいこう》しよう

本当は菜那《なな》さんだって、理屈《りくつ》の上では休むのが正しいと理解していたはずです。でも、「もしかしたら選考会で勝てないかもしれない」という恐《おそ》れが強くなりすぎて、脳に強いストレスがかかってしまっていた。

だからそのストレスから逃《のが》れるために、なにかをせずにはいられなかったのだと思います。菜那《なな》さんのような一流のアスリートですら、脳の働きには逆らえなかったのですね。

では、こんなときにはどうすればいいのでしょうか？

答えは単純で、なにもしないことがストレスとなってしまうなら、代わりに別のなにかをすればいいのです。そうすれば、ストレスは軽減しますよね。

私は、菜那《なな》さんにこのように伝えました。

「それじゃあ練習を休む代わりに、浮《う》いた時間でイメージトレーニングにチャレンジしてみようか」

イメージトレーニングなら膝《ひざ》に負担はかかりません。

それに、恐《おそ》れや不安というのは、まだ起きていない未来に対するマイナスのイメージから生まれるものです。イメージには、イメージで対抗《たいこう》すればいい。だから、イメージトレーニングはとても効果的なのです。

リラックスして五感までイメージしてみよう

具体的には、菜那《なな》さんには「右膝《みぎひざ》が完全に治り、オリンピックで最高の滑《すべり》をして、金メダルを獲得《かくとく》する」というイメージトレーニングを行ってもらいました。

コツとしては、まず「寝《ね》る前」などリラックスしているときに行うこと。リラックスすると、脳にはα《アルファー》波という脳波が流れます。すると、イメージが記憶されやすくなるのです。

それから、単にその場面を想像するだけでなく、そのときの五感（視覚、聴覚《ちょうかく》、触《しょっ》覚《かく》、嗅覚《きゅうかく》、味覚）までイメージしてみることも大切です。

例えば「視界がすごいスピードで流れていく」「風切り音がすごい」「遠くで応援《おうえん》の声が聞こえる」「身体に風圧を感じる」「スケートの歯が氷の上をスムーズに滑《すべ》る感覚が足に伝わってくる」などなど……なるべくリアルに、細かいところまでイメージします。

すると、まるでそれを本当に体験したかのように、身体がポカポカしてきたりします。脳は実際にあったこととイメージしたことを区別できないので、本当に体験したときと同じ反応を返してしまうのです。

こうしてイメージトレーニングを行いつつ、右膝《みぎひざ》をしっかり休めて回復した結果、菜那《なな》さんはみごと選考会で勝ち、オリンピック出場を決めました。その後、本当にオリンピックで日本女子史上初の2個の金メダルを獲得《かくとく》してしまったのは、ご存じですよね。イメージしていたことが、現実になったのです。

キミにも、「テスト前日でもう眠《ねむ》らなければならないのに、問題集のやり残した問題が頭から離《はな》れず眠《ねむ》れない」とか「試合に向けて身体を休ませなければならないのに、練習でオーバーワークになってしまった」などの経験があるのではないでしょうか？

そんなときは、ぜひイメージトレーニングを試《ため》してみてくださいね。

質問3

迷ったらどんな選択《せんたく》をする？

キミの答え

私は

するほうを選びます！

今のキミは過去の選択《せんたく》の結果

人生は選択《せんたく》の連続です。

「進路はどうしようか」「どのチームに入ろうか」「生徒会に立候補しようか」などといった大きなものから、「友達と遊ぶのか、遊ばないのか」「LINEに今返信するか、後からにするか」「朝起きるのか、起きないのか」「ここで手を挙げるか、挙げないか」といった小さなものまで、いつも何らかの選択《せんたく》をしていますよね。

そして、その選択《せんたく》の結果として、今のキミがいます。

ということは、もし今、キミが「夢に向かってがんばっているのに、なかなか夢に近づけない」と悩《なや》んでいるなら、それはこれまでの選択《せんたく》の場面で（無意識に）夢に近づけない選択肢《せんたくし》を選んでしまっていたということかもしれません。

実は私たちの選択《せんたく》基準は、大きくは次の6つしかないと言われています。

①安心していたい（不安から逃《のが》れたい）
②ワクワクしていたい（退屈《たいくつ》なのはイヤ）

③認めてられたい（バカにされたくない）
④誰《だれ》かとつながっていたい（嫌《きら》われたくない）
⑤（痛みを伴《ともな》ってでも、お金を払《はら》ってでも）学びたい、成長したい
⑥（誰《だれ》にも知られなくてもいいので、見返りを求めないので）貢献《こうけん》したい

もちろん、この6つの中で「これが絶対的に正しい選択《せんたく》だ」というものはありません。

ただ、キミの夢が例えば「⑤学びたい、成長したい」という選択《せんたく》の先にあるのに、いざ選択《せんたく》の場面になると「①安心していたい」という基準で選択《せんたく》していたら、一向に夢に近づけないのはわかりますよね。夢に近づくためには、その夢に適した選択《せんたく》基準で判断する必要があります。

ですから、まずは自覚することが大切です。

今、キミはどの基準で選択《せんたく》しているでしょうか？

キミの夢は、どの選択《せんたく》基準の先にあるのでしょうか？

憧《あこが》れの人の判断基準が、キミの夢への道しるべになる

ここで、もし自分の夢に合った選択《せんたく》基準がわからない場合は、憧《あこが》れの人を参考にしてみるといいでしょう。

第1章で、夢を見つけるために、憧《あこが》れの人について考えましたよね。その憧《あこが》れの人なら、どんな基準で選択《せんたく》するのかを考えてみるのです。

例えば、メジャーリーガーの大谷翔平《しょうへい》選手の選択《せんたく》基準は「②ワクワクしていたい」という傾向《けいこう》が強いかなと思います。ロサンゼルス・ドジャースへ移籍《いせき》するという大きな選択《せんたく》をしたとき、彼《かれ》は入団記者会見でこう語っています。

「優勝を目指し、そこに欠かせなかったと言われる存在になりたい」

「明確な勝利を目指すビジョンと豊富な球団の歴史を持つドジャースの一員になれることを心から嬉《うれ》しく思うと同時にすごく興奮している」

ワールドシリーズ制覇《せいは》を目指せるチームでプレーできることにワクワクしている様子がうかがえますね。そしてその選択《せんたく》の結果、移籍《いせき》1年目でみごとワールドシリーズ優勝を果たしました。

一方、同じメジャーリーガーでも大谷選手の先輩《せんぱい》となる松井秀喜《まついひでき》さんの場合、選択《せんたく》基準は「⑤（痛みを伴《ともな》ってでも）学びたい、成長したい」という傾向《けいこう》が強いでしょう。松井《まつい》さんは「地元の公立高校に進学するか、強豪《きょうごう》の星稜《せいりょう》高校に進むか」の選択《せんたく》で、より厳しい星稜《せいりょう》高校の道を選び、1年から4番に座《すわ》り活躍《かつやく》しています。

また、プロ野球に進む際も、一番周りの目が厳しい読売ジャイアンツに入団。その結果、日本球界を代表するホームランバッターに成長しています。

そして、より厳しい世界を求めて海を渡《わた》った結果、ニューヨーク・ヤンキース時代にワールドチャンピオンになり、ＭＶＰに輝《かがや》いたのです。

さぁ、キミの憧《あこが》れの人は、どんな基準で選択《せんたく》しているでしょうか？

その選択《せんたく》基準が、キミの夢への道しるべとなるはずです。

質問4

夢中になれなくなったら、どうする？

キミの答え

私は、目標や取り組みを

にレベルアップします！

夢中になれなくなったのは成長の証《あかし》かも

夢に向かって歩きはじめた頃《ころ》は、夢中になって勉強や練習に取り組めた。

だけど最近は、以前のように夢中になれなくなった……。

そんな悩《なや》みを持つ人も少なくないと思います。

実はこれ、必ずしも悪いこととは限りません。

なぜなら、これはキミが成長した証《あかし》かもしれないからです。

心理学者のミハイ・チクセントミハイは、「完全に没頭《ぼっとう》して夢中になっている状態」のことを「フロー状態」と名付けました。「完全に没頭《ぼっとう》して」というのは、「疲《つか》れを忘れ、時間も忘れ、雑音も耳に入らなくなるほど集中する」というような意味です。

スポーツの世界では「ゾーンに入る」という表現が使われますが、これも極度のフロー状態のことを指していると言えるでしょう。

チクセントミハイの研究によると、このフロー状態に入っているときには、課題（勉強や練習）に取り組むこと自体が楽しくなり、大きな幸福感や充実感《じゅうじつ》が得られるそうです。

そして逆に、フロー状態から抜《ぬ》けてしまうと、不安や退屈《たいくつ》といった感情に襲《おそ》われるようになります。今のキミも、この状態なのではないでしょうか？

挑戦《ちょうせん》と能力のレベルが合わないとフロー状態に入れない

では、なぜフロー状態から抜《ぬ》けてしまうのでしょうか？

再びフロー状態に入るには、どうすればいいのでしょうか？

チクセントミハイは、人がフロー状態に入りやすくなる条件をいくつか見つけています。その中でも注目したいのが「挑戦《ちょうせん》と能力のレベルがつりあっている」という条件です。わかりやすく説明すると、次のようになります。

①自分の能力に対して難しすぎる課題に挑戦《ちょうせん》すると、不安を感じ、フロー状態に入れない。
②能力に対して適切な難易度の課題に挑戦《ちょうせん》すると、フロー状態に入りやすい（「適切な難易度」というのは「がんばればできる」くらいとされています）。

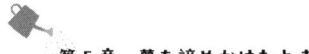

③能力に対して課題がやさしすぎると、退屈《たいくつ》を感じ、フロー状態に入れない。

もしキミが今、以前より夢中になれないならば、この②から③の状態に移ってしまったからかもしれません。

つまり、これまでの取り組みでキミが成長して、能力が上がった結果、相対的に課題がやさしくなってしまい、退屈《たいくつ》になってしまったのです。

レベルアップのときが来た！

ということは、対処法も決まってきますよね。

そう。キミの能力に合わせて、課題（目標や取り組み）をレベルアップするときが来たのです！

今のキミの実力にふさわしいのは、どんな課題でしょうか？

ワクワクできる目標や取り組みを考えてみましょう。

なお、フロー状態に入りやすくなる条件には、「挑戦《ちょうせん》と能力のレベルがつりあっている」の他に、「なにをやるべきか、目標が明確になっている」や「どれくらいうまくいっているかがわかる」といったものがあります。

これって、よく考えると第3章で目標を立てるときに考えたことですよね。

つまり、夢を追いかけている人はフロー状態に入りやすいのです。

逆に言えば、フロー状態に入れない人は、夢を見失いかけているのかもしれません。

ぜひ判断基準のひとつとして、意識してみてください。

質問5

伸《の》び悩《なや》んだら、なにに挑《ちょう》戦《せん》する？

キミの答え

私は失敗を恐《おそ》れず

にチャレンジして大きく成長します！

人の成長の階段は意地悪な形をしている

夢に向かって歩きはじめると、最初のうちはやればやるだけ面白《おもしろ》いように成果も上がっていくと思います。

でも、どこかで「これまで通りに取り組んでも、これまでのように成果が上がっていかない」という時期が必ずやってきます。

いわゆる「伸《の》び悩《なや》む」「壁《かべ》にぶつかる」「足踏《あしぶ》みする」という状態です。スポーツの世界では「プラトー」と呼ばれたりもしますね。

そんなとき、ふと「自分はここまでか」という思いがよぎり、歩みを止めたくなるかもしれません。

でも、ちょっと待ってください。それはむしろ、キミが大きく成長する前触《まえぶ》れなのです。

よく、人の成長を階段を登ることに例えたりしますね。実はこの階段、ちょっと意地悪な形をしています。

普通《ふつう》の階段はどの段も同じ大きさですよね。でも人の成長の階段は、最初は小さく、徐々《じょじょ》に大きくなっていくのです。

なので、最初のうちは二段飛ばし、三段飛ばしで成長の階段を駆《か》け上《のぼ》っていけますが、そのうち一歩踏《ふ》みだしただけでは次の段に足が届かなくなってくる……これが、伸《の》び悩《なや》んでいるという状態です。

そこで諦《あきら》めずに二歩、三歩と歩みを進めれば、いずれ次の段に足が届きます。そしてその一段は、これまでより大きな一段なのです。

長い間伸《の》び悩《なや》んでいた人が、あるとき急に大きく成長することがありますが、それはこんな理由なんですね。

挑戦《ちょうせん》しなければ偶然《ぐうぜん》のきっかけは手にできない

では、どうすれば伸《の》び悩《なや》み状態から脱出《だっしゅつ》できるのでしょうか？

まずは、歩みを止めないこと。これが大前提です。

その上で「なにか成長するきっかけがあるんじゃない？」と思ったキミは鋭《するど》い！

そう、大きく成長するときにはなにか「きっかけ」になることがあります。

それは、偶然《ぐうぜん》でもいいので、思わぬ力を発揮して一度でもすばらしい成果を出すこと。一度でも経験すれば、人はそこから多くを学び、次からは自力で同じ成果を出せるようになります。

こう言うと、「その成果が出せないから伸《の》び悩《なや》んでいるんでしょ」と思うかもしれませんね。たしかにちょっと「卵が先か、ニワトリが先か」的なところはあります。

でも大切なのは、この偶然《ぐうぜん》というのはただ待っていてもやってこないということです。なにかしらチャレンジしている人のところにしか、偶然《ぐうぜん》の成長は訪《おとず》れません。

小さい頃《ころ》、自転車の補助輪を外して走る練習をしたときのことを思いだしてください。何度も何度も転びながら、それでも補助輪なしで走ろうとチャレンジしていると、あるときふと補助輪なしで走れてしまう。すると感覚を掴《つか》めて、そこからは普通《ふつう》に補助輪なしで走れるようになりましたよね。

それと同じです。

もしも今キミが伸《の》び悩《なや》んでいるとしたら、それは今の自分の限界を乗りこえるチャンスが来たということです。そして、そのチャンスをものにするためには、これまでと同じことだけやっていたのではダメです。失敗を恐《おそ》れず新しいことにチャレンジして、何度も失敗して学んでいくしかありません。その先にこそ、偶然《ぐうぜん》の成長がやってくるのです。

さぁ、キミはなににチャレンジしますか?

新しい球種、難易度の高い技《わざ》、これまでよりレベルの高い問題集などなど、キミが次のステップに進むためにはどんなチャレンジが必要なのか、ぜひ考えてみてください。

質問6

誰《だれ》と同じ舞台《ぶたい》に立ってみる？

キミの答え

私は

と同じ舞台《ぶたい》に立ってみたいです！

環境《かんきょう》がキミを成長させる

前の質問で「偶然《ぐうぜん》でもいいので、思わぬ力を発揮して一度でもすばらしい成果を出すことが、大きな成長のきっかけになる」と説明しました。

「それはそうかもしれないけれど、そんな偶然《ぐうぜん》に頼《たよ》る方法では困る……」と思った人もいるでしょう。

そんなキミのために、大きな成長のきっかけになるもうひとつの方法を紹介《しょうかい》しましょう。

それは「よりレベルの高い環境《かんきょう》に身を置くことで、自分もそのレベルまで引き上げられる」というものです。

人は、環境《かんきょう》に影響《えいきょう》を受ける生き物です。

例えば、2023年のWBCで日本は世界一という舞台《ぶたい》に立ちました。その後、侍《さむらい》ジャパンの選手たちは続々とメジャー入りしていきます。「世界レベルで戦えるチーム」という環境《かんきょう》に身を置いたからこそ、彼《かれ》らの才能は開花したのです。

同じように、キミも今よりレベルの高い環境《かんきょう》に身を置けば、それがきっかけとなり大きな成長を遂《と》げられるはずです。

学校レベルよりも、地域レベルの環境《かんきょう》。

地域レベルよりも、全国レベルの環境《かんきょう》。

全国レベルよりも、世界レベルの環境《かんきょう》。

わかりやすく言うと、こうなりますね。

自分よりレベルの高い人に会いに行こう

もっとも、自分で自由に環境《かんきょう》を選べるなら話は早いのですが、必ずしもそうではありませんよね。いくらキミが世界レベルの環境《かんきょう》に身を置きたいと望んでも、いきなり日本代表チームに選抜《せんばつ》されることはないでしょう。

誰《だれ》かに認められ、抜擢《ばってき》されて高いレベルの環境《かんきょう》を与《あた》えてもらえたなら、そんなチャンスを逃《のが》す手はありませんが、誰《だれ》もがそのようなチャンスに恵《めぐ》まれるわけではありません。

では、そんな場合はどうすればいいのでしょうか?

実は、誰《だれ》にでもできる方法があります。それは「自分と同じような夢を追いかけ、自分より高いレベルにいる人たちと、なるべく多く接する」ということです。

アメリカの起業家で若くして大富豪《だいふごう》になったジム・ローンという人が、こう言っています。

「あなたがもっとも多くの時間を過ごす5人の人間の平均があなたです」

5人という数はともかく、要は、人間は普段《ふだん》接している人の考え方や行動に知らず知らずのうちに影響《えいきょう》を受けてしまう、ということです。これもひとつの環境《かんきょう》の力ですよね。

だからといって「相手のレベルを見て、付き合う相手を選ぶ」なんてイヤな奴《やつ》になる必要はありませんが、まずは自分よりレベルの高い相手と接する機会を積極的に作ってみてはどうでしょうか。

直接会えればベストですが、それが難しければ本や雑誌を通してその人の考え方に触《ふ》れるところから始めても良いと思います。

キミは今、誰《だれ》に会えば成長できると思いますか？

質問7

あと一歩だけがんばるとしたら?

キミの答え

私は「限界だ」と思ってからあと一歩だけをがんばります!

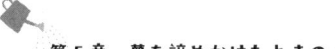

すべてのきっかけの元になるのは、強い思い

ここまでに、キミに大きな成長をもたらすきっかけとして「偶然《ぐうぜん》でもいいのですばらしい成果を出すこと」「今よりレベルの高い環境《かんきょう》に身を置くこと」の2つを紹介《しょうかい》しました。

ここでは、最後の1つを紹介《しょうかい》したいと思います。

それは「どんなに苦しい状況《じょうきょう》でも『何が何でも夢を実現する』という強い思い・信念」。こうした思い・信念を持ち続けることこそが、それにふさわしい大きな成長をもたらすのです。

「なんだ、精神論か」と拍子抜《ひょうしぬ》けしてしまったでしょうか？

でも、実はこれが一番大切な要素なのです。

なぜなら、このような強い思い・信念がなければ、チャレンジし続けることができず、偶然《ぐうぜん》の成果を引き寄せることもできません。

また、その思いが誰《だれ》かに認められてレベルの高い環境《かんきょう》を与《あた》えられることもありませんし、仮に幸運にもたまたま高レベルの環境《かんきょう》を手に入れられたとしても、そこで多くを学ぶことはできないでしょう。

つまり、先に紹介《しょうかい》した2つのきっかけも、この思い・信念があってこそ得られるものなのです。

そういう意味では、強い思いや信念は、すべてのきっかけの元になるものと言えるかもしれません。

「信念を持つ」とは「最後のもうひとがんばり」ができること

ただ、「信念と言われてもピンとこない……」という人もいるかもしれませんね。

そういう人は、こう考えてください。

「ギリギリまでがんばって『これで限界』と思ったとき、あと一歩だけがんばるとしたら、なにをする？」

その「最後のもうひとがんばり」をできるのが、信念を持つということなのです。

2022年末のFIFAワールドカップで日本代表の三笘薫《みとまかおる》選手が魅《み》せた「奇跡《きせき》の1ミリ」は、その良い例と言えるでしょう。

あのとき、普通《ふつう》なら諦《あきら》めてもおかしくない状況《じょうきょう》で、三笘《みとま》選手がゴールラインを割ってしまうそのギリギリまで足を伸《の》ばせたのはなぜでしょうか？

それは「なんとしても勝つ」という強い信念があったからです。だから、思いがけない力を発揮できたのです。

キミなら、「最後のもうひとがんばり」として、なにができるでしょうか？

その積み重ねが、今の自分の限界を超《こ》えるカギとなります。

「遂《と》げずばやまじ」

江戸《えど》時代の大槻玄沢《おおつきげんたく》という人の言葉で、「夢や目標を持ったら実現するまではぜったいにやめない」という固い決意を表しています。その言葉通り、大槻玄沢《おおつきげんたく》は杉田玄白《すぎたげんぱく》の弟子《でし》として『解体新書』の改訂《かいてい》にその生涯《しょうがい》を捧《ささ》げ、日本に西洋医学の基礎《きそ》を築きました。

なにかをやり遂《と》げる人というのは、今も昔も信念を持っているんですね。

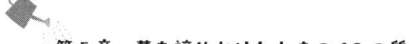

質問8

この苦難の先にはなにがあると思う？

キミの答え

この苦難を乗りこえたとき、私は

を得ています！

節ありて竹強し

スピードスケート選手の髙木菜那《なな》さんが、右膝《みぎひざ》を痛めたときの話です。オリンピック選考会を兼《か》ねた日本選手権前にも関わらず、練習もまともにできず、大会でも結果が出ないという逆境の中で、菜那《なな》さんに私はこう言いました。

「今は悔《くや》しい思いをしてもかまわない。この苦難を乗りこえた先に必ず幸福が待っているから」

すると本当に苦難を乗りこえ、オリンピック出場を決めたばかりか、金メダルまで取ってしまいました。

菜那《なな》さんに限りません。なにかを成しとげた人はみんな、たくさんの苦難を乗りこえています。口を揃《そろ》えて「苦しいときを乗りこえたからこそ、今がある」と言います。何の苦難にも出会わずに成功した人はいません。

逆に言えば、彼《かれ》らは何度も苦難を乗りこえたからこそ、強いのです。過去に苦しいことを乗りこえた経験があるからこそ、新たな苦難に出会ったときにも「この苦難もきっと乗りこえられる」「乗りこえることで、またひとまわり大きく成長できる」と信じて、折れずにがんばれるのです。

「節ありて竹強し」という言葉があります。

竹には節があるから、風雪に耐《た》えて強く成長していける。同じように、人間も「苦難を乗りこえた経験」という節があるから、どんな試練にも耐《た》えて成長していける——というような意味です。

竹にたくさんの節があるように、夢に向かって進むキミにも、これからいくつもの苦難が待ち受けているでしょう。でも、だからこそキミは竹のように強くまっすぐに天に向かって成長していけるのです。

乗りこえた先にあるものを考えれば、強くなれる

そういう視点から見れば、苦難というのはキミが強く大きく成長するチャンスです。

そう思うと、ちょっとワクワクしてきませんか？

「この苦しさを楽しんでやろう」という気持ちが湧《わ》いてきませんか？

私はスーパーブレイントレーニングというメンタルトレーニング技術を学びました

が、そこでは苦しさを楽しさに変える力を苦楽力《くらくりょく》と呼んでいます。夢を叶《かな》えるためには、必須《ひっす》の能力です。

だから、もし今、キミが困難を目の前にしてくじけそうになっているなら、ぜひ考えてみてください。

その困難を乗りこえたとき、キミはどんな成長を遂《と》げているでしょうか？

どんな成果を得られるでしょうか？

周りの人に、どんな影響《えいきょう》を与《あた》えられるでしょうか？

思いつく限り、いくつでも書き出してみてください。数が多ければ多いほど、より大きな力が生まれます。

そして、その力を使って困難を乗りこえたとき、キミが書き出した答えは、現実になるのです。

質問9

どんなことに感謝してる？

キミの答え

私は

に感謝して、夢に向かって前進し続けます！

感謝すると幸せホルモンが分泌《ぶんぴつ》される

２０２３年のＷＢＣ決勝戦９回、最後の打者を空振《からぶ》り三振《さんしん》に切って取った瞬間《しゅんかん》、大谷選手は雄叫《おたけ》びとともに、両拳を握《にぎ》り、激しくグラブと帽子《ぼうし》を投げ捨てました。「日本代表として世界一になる」という夢を実現させた瞬間《しゅんかん》です。

後に、大谷選手はこのときの心境をこのように語っています。

「本当にこのシチュエーションで投げるのはなかなかない。感謝のほうが大きかった」

大谷選手に限らず、大きな壁《かべ》を乗りこえ、プレッシャーに打ち勝ってなにかを成しとげた人はみんな口を揃《そろ》えて「感謝でいっぱい」「感謝しかない」などと言います。

実はこれ、理由があるんです。

感謝するとセロトニンやオキシトシンといった脳内ホルモンが分泌《ぶんぴつ》されることが、様々な研究でわかってきています。このセロトニンやオキシトシンなどの脳内ホルモンは「幸せホルモン」とも呼ばれ、ストレスを緩和《かんわ》させたり、やる気を引き出す効果があるとされています。

だから感謝する人ほどストレスに強くなり、大きな夢を叶《かな》えられるんですね。

夢へと向かう道の途中《とちゅう》には、様々な困難が待ち構えています。ときにはくじけそうになることもあるでしょう。

そんなときは、これまで自分を支えてくれた人たちのことを思いだし、感謝してみましょう。できれば、直接その人たちに感謝の言葉を伝えると良いですね。

そうすることで、キミの心の中に、再び夢への情熱が湧《わ》いてくるはずです。

自分をここまで導いてくれた、すべての人に感謝しよう

ただ、いざ感謝しようと思っても「誰《だれ》にどんな感謝をすればいいのかわからない」ということもあるかもしれません。

そんなときは、第1章で夢を決めたときのことを思いだしてください。「夢が実現したら、誰《だれ》にどんな良い影響《えいきょう》を与《あた》えるか？」「夢を叶《かな》えたら、誰《だれ》が喜んでくれるか？」ということを考えましたよね。

今、キミが夢を追いかけているのは、自分のためだけではないはずです。「誰《だれ》かに良い影響《えいきょう》を与《あた》えたい」「誰《だれ》かを喜ばせたい」という気持ちが支えとなって、キミをここま

で連れてきてくれたはず。

ならば、その人たちに感謝すれば良いのです。

「あなたたちがいてくれたからこそ、ここまでたどり着けた」と。

そんな感謝の気持ちを持てたとき、「ここで夢を諦《あきら》める」という選択肢《せんたくし》はなくなります。そして「その人たちをもっと喜ばせたい」という気持ちが溢《あふ》れてくるはずです（私が学んだスーパーブレイントレーニングでは、これを他喜力《たきりょく》と呼んでいます）。

さぁ、キミは誰《だれ》にどんな感謝をしますか？

その感謝の心を忘れなければ、キミはきっと夢へたどり着けます。

質問10

自分にはなにができると信じる？

キミの答え

私は

という夢を叶《かな》えられると信じます！

信じることで、夢は叶《かな》いやすくなる

とうとう最後の質問になりました。

もっとも、これは「質問に答えてもらう」と言うより「自分自身に宣言してもらう」と言ったほうが正確かもしれませんね。

キミにはここで「私は必ず夢を叶《かな》えられると信じている」と宣言してほしいのです。

もちろん、それには理由があります。

もし自分が夢を叶《かな》えられると心から信じられなければ、どうしても「本当に夢を追いかけていいのか」という迷いが生じますよね。

迷いが生じれば、決断が鈍《にぶ》ります。

また、なにかに取り組んでも、集中しきれず、全力を出しきれません。

結果として、夢を叶《かな》えられる可能性が低くなってしまうのです。

逆に、「できると信じる力」を持っている人は、迷いがなくなります。

すると、決断が早くなり、全力で行動できるようになります。

だから結果として、本当に夢を叶《かな》えられるのです。

私が学んだスーパーブレイントレーニングでは、こうした「できると信じる力」を成信力《せいしんりょく》と呼んでいます。別に比喩的《ひゆてき》な表現ではなく、信じることは夢を叶《かな》えるためのリアルな力になるのです。

信じるだけで夢が叶《かな》う可能性が上がるなら、あえて信じない理由はありませんよね。

だから、この本の総まとめとして、自分の可能性を信じてください。

そして、行動してください。

「自分ならできる！」

「必ず実現できる！」

そんな言葉を胸に、夢に向かって進んでいきましょう！

おわりに

最後まで読んでいただき、ありがとうございます。

「はじめに」でもお伝えしたように、この本は、私が普段《ふだん》行っているメンタルトレーニングをベースに書きました。

基本となっている理論は「ＳＢＴスーパーブレイントレーニング」という脳科学を活用したメンタルトレーニング手法や、銀座コーチングスクールのコーチング手法、および心理学や認知《にんち》学習論などですが、それだけではありません。これまで私のメンタルトレーニングを受けてくれたすべての人たちとの経験が、この本に活《い》かされています。

例えば、２０１３年からサポートを始めた星稜《せいりょう》高校の野球部は、その年に6年ぶりの夏の甲子園《こうしえん》出場を決めてくれました。その後、２０１９年には夏の甲子園《こうしえん》準優勝も果たし、２０２３年の秋季神宮《じんぐう》大会では32年ぶりの全国制覇《せいは》、同年春のセンバツ甲子園《こうしえん》ではベスト4に進出してくれています。

富山県立高岡商業高校の野球部は、夏の甲子園《こうしえん》に2017年から2022年まで富山県として前人未到《ぜんじんみとう》の5連続出場を成しとげてくれました（2020年は未開催）。

もう5年のお付き合いになる森本琢朗監督《たくろうかんとく》が率いる札幌《さっぽろ》日本大学高校の野球部は、2024年夏の南北海道代表として初の甲子園《こうしえん》出場を決めてくれました。

石川県立金沢《かなざわ》商業高校の野球部は、2015年の秋季大会で26年ぶりの県大会優勝を果たしてくれました。


オリンピックでは、2016年リオデジャネイロ五輪の競泳で小堀《こぼり》勇気さんが銅メダルとなり、日本に52年ぶりのメダルをもたらしてくれました。

2018年平昌《ぴょんちゃん》五輪では、スピードスケートの高木菜那《なな》さんが金メダルを2つ獲得《かくとく》してくれました。日本の女子として歴史上初の快挙でした。

2021年東京五輪では女子ソフトボールで峰《みね》幸代さんが2大会連続の金メダルに輝《かがや》いてくれました。

他にも、サポートしてきたたくさんの人たちが、様々なジャンルで夢や目標を実現してくれています。

女子プロテニスでは2019年のジャパンオープンで日比野菜緒《なお》選手がシングルスとダブルスで共に優勝してくれました。

様々な職種の人が技術を競《きそ》い合う技能五輪大会では、日本一のみならず世界一が3名誕生しました。

中学生の競泳選手が北陸大会で大会新記録で優勝してくれたり、小学生が中学受験で最難関校に合格を果たしてくれるなど、例を挙げればキリがなくなってしまいます。

どの人とのメンタルトレーニングも、私にとっては学ぶことの多い、忘れない大切な経験でした。

この本は、そんなキミの先輩《せんぱい》たちとのメンタルトレーニングで得た経験があったからこそ生まれた本です。

だから、今度はキミの番です。

この本を活用して、ぜひ夢を叶《かな》えてください。

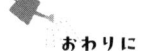

心から応援《おうえん》しています。

2024年10月

飯山晄朗

■著者紹介
飯山晄朗（いいやま・じろう）

【プロフィール】
◎1969年生まれ。石川県金沢市と東京南青山にオフィスを構える、リーダーシップ・メンタルトレーニング・コーチングの専門家。
◎人財教育家・メンタルコーチ。経済産業省登録中小企業診断士。JADA協会認定SBTマスターコーチ。銀座コーチングスクール認定プロフェッショナルコーチ。一般社団法人グローアップフォーラム代表理事。
◎家電メーカーのトップセールスマン、商工団体の経営指導員を経て、講演・研修講師として独立。教育研修や講演の依頼が後を絶たず、延べ5000時間、受講者17000名を超える。
◎高校のPTA会長時代に教職員とメンタルトレーニングを行い、その高校の部活動が軒並み好成績をあげる。他にも県大会で歴史的大逆転劇を演じて甲子園出場を決めた高校を始め、全国制覇など結果を出す組織やチームが続出している。またメンタル指導を行った選手がリオデジャネイロオリンピックで銅メダル、平昌オリンピックで金メダル、東京オリンピックで金メダルを獲得するなど、結果を出すアスリートも続出している。
◎ビジネスマンを対象とした研修・講演も精力的に行い、顧客満足度日本一になった中小企業などをサポート。中小企業基盤整備機構が運営する全国の中小企業大学校では「リーダーシップ講座」「部下のやる気を引き出すコーチング講座」「経営管理者コース」「若手社員のメンタルアップ講座」の講師を務め、目標の実現など望む結果を得るノウハウを脳科学に基づいて伝えている。
◎シリーズ累計10万部を突破した『いまどきの子のやる気に火をつけるメンタルトレーニング』『いまどきの子を「本気」に変えるメンタルトレーニング』（秀和システム刊）など、著書多数。

【連絡先】
◎メール
office@coach1.jp
◎ホームページ
https://coach1.jp/
◎毎日配信無料メルマガ「メンタルアップトーク☆今日の言葉」
https://www.reservestock.jp/subscribe/8407

◎装丁：大場君人

10代《だい》のキミに贈《おく》る 夢《ゆめ》を叶《かな》える50の質問《しつもん》

発行日　2024年12月 7日　第1版第1刷
　　　　2024年12月23日　第1版第2刷

著　者　飯山《いいやま》　晄朗《じろう》

発行者　斉藤　和邦
発行所　株式会社　秀和システム
〒135-0016
東京都江東区東陽2-4-2　新宮ビル2F
Tel 03-6264-3105（販売）Fax 03-6264-3094
印刷所　日経印刷株式会社　Printed in Japan

ISBN978-4-7980-7417-7 C0037